D0838939

COLLECTION POÉSIE

HENRI MICHAUX

L'infini turbulent

*Édition illustrée par l'auteur,
revue et augmentée*

GALLIMARD

PREMIÈRE PARTIE

LES EFFETS
DE LA MESCALINE

On est entré dans une zone de chocs. Phénomène des foules, mais infimes, infiniment houleuses.

Les yeux fermés, on a des visions intérieures.

Des milliers et des milliers de points microscopiques fulgurants, d'éblouissants diamants, des éclairs pour microbes.

Des palais aux tourelles innombrables, qui filent en l'air sous une pression inconnue. Des arabesques, des festons. De la foire. De l'extrémisme dans la lumière qui, éclatante, vous vrille les nerfs, de l'extrémisme dans des couleurs qui vous mordent, vous assaillent, et brutales, blessantes, leurs associations.

Du tremblement dans les images. Du va-et-vient.

Une optique grisante.

*Images
intérieures
plus
brillantes
plus
nombreuses
plus
colorées
plus
agitées
plus
en dentelle
plus*

(Quand on rouvre les yeux, les objets que l'on voit autour de soi paraissent parfois fourmiller sur place, n'être plus à une distance précise et permanente. Ils présentent un aspect plus intéressant, comme embués d'une rosée de punctiformes colorations variées.)

On est devenu sensible à de très, très fines variations (sanguines? cellulaires? moléculaires?), à d'infimes fluctuations (de la conscience? de la cénesthésie?) que, pour mieux observer, on est du reste peut-être simultanément occupé à visualiser. Mais d'abord on a perdu pied. On a perdu la conscience de ses points d'appui, de ses membres et organes, et des régions de son corps, lequel ne compte plus, fluide au milieu de fluides. On a perdu sa demeure. On est devenu excentrique à soi.

En même temps que l'univers a changé, en même temps on est entré en état second, visions et fluidité, envers et avers de la même pièce.

Il a fallu larguer les amarres du confortable état premier où l'on était, sur lequel on s'appuyait, et perdre ses excellentes localisations, qui tenaient l'infini hors des remparts.

Dans la tête troublée, un surprenant « tout à la fois » est perçu.

LES EFFETS DE LA MESCALINE

On est dans quelque chose comme la turbulence de l'air et des poussières d'une pièce fermée, jusque-là apparemment immobiles, mais qu'un rayon de soleil, passant par le trou d'un volet fatigué, démasque dans leur agitation folle, incessante, qui ne va nulle part, qui n'a pas de repos, ni sens aucun.

Pris dans une infinie turbulence

NOTRE maintenant est cette turbulence.

Dans le dôme d'un vide intérieur agrandi, il y a une extrême accélération, une accélération en flèche des passages d'images, des passages d'idées, des passages d'envies, des passages d'impulsions. On est haché de ces passages. On est entraîné par ces passages, on est malheureux et las de ces passages. On devient fou par ces passages. On est saoul et somnolent parfois de ces passages. On est plus souvent griffé, agité par ces passages.

Passages

Agité, AGITÉ, AGITÉ.

*Agité
AGITÉ
AGITÉ*

Le temps passe en ces nouveaux passages, un temps rapide, un temps avide, un temps insolite, un temps en tout petits moments à la file indienne, fous, lancés, décochés.

On est devenu sensible à de très, très petites unités de temps. A tout ce qui est infime, on est devenu sensible, à de petits « on ne sait quoi », dont il passe quantité.

Sensible parce qu'insensible.

Si, devenu particulièrement sensible, on saisissait, au lieu du *la* du diapason, chacune des quatre cent trente-cinq vibrations doubles, dont il est le faisceau serré, ce serait davantage de sensibilité, mais on n'entendrait plus le *la*. On l'aurait perdu. Ainsi je sens des milliers d'unités infimes, où je ne reconnais rien, quoique peut-être leur ensemble soit ce que je rencontre de plus habituel, de plus journalier, de plus commun et peut-être de plus mien.

La rivière des enchaînements, de la phrase, de la méditation, de la rêverie, n'est plus. Plus de rivières, seulement les gouttes isolées qui ensemble faisaient rivières, discours, masse, continuité.

Accélération.

Répétition.

Accentuation. L'impression devenue alors réellement conforme à son nom, *empreinte, imprimée* en nous, tenace, adhésive, indétachable, exagérément « permanente ».

Mescaline accélératrice, répétitrice, agitatrice, accentuatrice, renverseuse de toute rêverie, interruptrice.

Démonstratrice du discontinu.

Le discontinu
Idées nettes

Sentiments discontinus.
Mouvements discontinus.
Élans discontinus.
Réflexions discontinues.
Rythme binaire. Immense scansion.
Comme si tout était brisé, brisable à mi-course.
Comme si tout était à l'unisson d'un courant alternatif,
d'une cloche oscillante,
d'un train d'ondes courtes.
Même le plus habituellement uni, le plus coulant va céder à la loi d'interruption, s'arrêtera dix fois, vingt fois, cinquante fois.
On a un désir. Aussitôt après, plus de désir. Puis de nouveau désir, violent, occupant tout le champ, puis aussitôt après, non-désir, sans trace de désir, puis, sans avoir eu le temps de respirer, désir à nouveau, dans l'instant, frénétique, absolu, puis total non-désir, inintérêt absolu... et ainsi s'allonge à toute allure la curieuse chaîne aux maillons ouverts, quand, la stoppant sur place, une autre impulsion survient, vite comme un oiseau en plein vol passant devant la fenêtre, aussi vite cessation de l'impulsion, pas le temps de la considérer que l'impulsion est déjà revenue, puis sans tarder derrière elle la nouvelle ces-

*passant
comme des
comètes
Tout subit
la loi
d'intermittence*

*Courant
Courant coupé
Courant remis
Courant coupé
Désir suivi
de cessation
subite mais
non de
répulsion*

sation d'impulsion à l'indifférence de sta-
tue, et puis de nouveau la première
impulsion toute neuve et fringante et
sourde à tout, suivie comme son ombre
de la cessation d'impulsion à une vitesse
de dégringolade dans les marches d'un
escalier, un escalier qui saurait vous ren-
voyer en sens contraire aussitôt. Plus de
repos. Il faut en passer par là, succes-
sivement et indéfiniment contracté, puis
décontracté, puis contracté, puis décontracté, puis contracté, puis décontracté,
jamais lâché par la tyrannie de l'alternatif. L'idée qu'on a, happée par le
même invisible mécanisme, montrée, puis
éclipsée, puis remontrée, puis subissant
une autre éclipse, puis réapparaissant,
puis de nouveau oblitérée, est ineffi-
cace, lassante, oubliée, invivable, sotte,
contrecarrante plus que tout, ajoutant
son point final à la ridiculisation des
fonctions mentales. Agaçante, ravageuse,
atroce, rendant impropre à tout raison-
nement, à tout théorème, à toute sys-
tématique, rendant sans mémoire, sans
place (constamment éjecté de sa place,
remis en place, réexpulsé de sa place),
rendant pantin, rendant agité, agité,
agité, agité de l'agitation du fou agité,
traduction des incessantes menues agitations, des mouvements d'avance et de

recul, de présence et d'absence, traduction de toutes les contradictions subies
et de tous les antagonismes dont on est
l'écartelé hébété.

Antagonismes, à ce qu'il m'a semblé,
sous leur forme économique de montage
si je puis dire, qui est celle-ci : « oui »,
puis cessation du « oui », puis de nouveau « oui », puis cessation du « oui »,
et le neutre n'existe pas.

De même dans une autre série le
« non » (le « contre ») est suivi d'une
cessation de « non » (d'une cessation
d'opposition), puis du « non » réapparu,
puis de la cessation de l'opposition, puis
encore de « non », puis de cessation du
« non » et du refus, etc., sans jamais
avoir recours au oui. C'est ce qu'il m'a
paru.

Même dans les mouvements prodigieux comme on en perçoit souvent tout
à coup comme sous l'effet d'une démul-
tiplication inopinée, ou d'une réaction
en chaîne, des mouvements en soudaine
expansion, en ombelles, en éventail de
fusées, ces mouvements si rapides, si ex-
traordinairement accélérés qu'ils soient,
doivent périodiquement s'interrompre,
cesser, stopper complètement, pour re-
partir soudain sur leur lancée retrouvée,
pour s'arrêter à nouveau au repos par-

*Toute
acceptation
cessante*

*« Non »
par
arrêt brutal du
« oui »*

fait, pour reprendre de même leur élan à la vitesse maxima.

Fusées ou non, en plein vol ou non, sur leur trajectoire ou non, obligées d'obéir à la loi de discontinuation et d'interruption.

Là où l'opposition ne se présente pas, la répétition se présente, appliquée au discontinu, jamais absent, lui.

Succession des tout petits, car tout ce qui dure devient ici succession d'éléments de très peu de durée, isolés, détachés, nets.

Répétition des petits chocs d'une longue sensation ainsi décomposée.

Répétition de toute sorte à peine reconnaissable.

Répétition à n'en pas finir, dont on n'a pas besoin et qui ébranle la tête.

Répétition de métronome enragé.

Répétition augmentant encore l'accentuation déjà existante.

Accentuation d'images : visions, état visionnaire

Accentuation du sentiment de présence : hallucination (état hallucinatoire)

Accentuation qui insiste, qui insiste, qui insiste, qui despotiquement insiste, qui revient, qui ne lâche pas, qui augmente la présence, l'impression de présence, qui *hallucine*, qui invite à la foi, qui est déjà la foi, une foi à la frappe incessante. Accentuation des présences, des impressions de présences, des évocations de présences. Il faut constamment

se dérober à la foi (à toutes sortes de
« foi »), se détacher de la foi, lorsqu'elle
vous a surpris, malgré vous. Foi de tous
côtés contre laquelle, quoique prémuni,
on ne peut faire face à temps.

Cependant l'accentuation pousse, ou
la poussée s'accentue, différence minime
alors tout à coup importante, mais qui
n'empêche pas la continuation de la
poussée, poussée, poussée, poussée sur
les sensations, sur la foi, sur l'élan, sur
vous, et qui augmente et qui augmente.

On est envahi de superlatifs. On étouffe
de superlatifs. On hurlerait des superlatifs. On est immense et rayonnant en
superlatifs. On est assoiffé et en grand
besoin de superlatifs. Des plus grands,
des plus extraordinaires. On en est insa-
tiable. On vit superlativement.

Très
Très
Très
Très
Très

On sent que ce qu'on va sentir, quoiqu'on ne le connaisse pas encore, sera
plus superlativement encore tendu vers
le superlatif. Nécessitant encore plus le
superlatif. Un superlatif non comme les
autres. Un superlatif des virtualités. Un
superlatif de l'inconnu. Un absolu superlatif.

L'imagination ne peut suivre la pression maximomaniaque. L'imagination
défaille, reste en arrière. Les superlatifs
cependant continuent, faute de mieux,

Superlatif
dans les
potentialités
Pression

mégalo-
maniaque,
ou plutôt
maximo-
maniaque

faute de meilleurs, de plus vrais, de plus super-superlatifs convenant à l'indicible, au supra de tout et de n'importe quoi, incapables de satisfaire celui qui de chose au monde ne peut plus être satisfait.

Superlatifs qui, vaille que vaille, montrent quand même la voie ascensionnelle, vers l'admiration ultime à laquelle on est presque sans le savoir tout préparé, tout émulsionné et bouillant, superlatifs qui vous montrent sans que vous le compreniez encore et que vous le compreniez jamais peut-être, qui vous montrent vous-même aspirant à l'infini, entraîné vers l'infini, en famine d'infini, auquel par ailleurs vous essayez de résister.

Poussée vers
l'Infini
vous en êtes
attaqué, percé,
vous y êtes
poreux

Il fait éclater
le fini de vous

Cependant la poussée d'Infini toujours continue, en vous, sur vous, à travers vous, en tous sens infinifiant, non l'infini d'arpenteur des civilisations du statique, dont l'infini stable, une fois accepté, ne subit pas un nouveau dépassement, infini garanti contre une nouvelle démesure, mais un infini toujours en charge, en expansion, en dépassement, infini de gouffre qui incessamment déjoue le projet et l'idée humaine de mettre, par la compréhension, fin, limites et fermeture.

Ainsi sait faire la mescaline (si toutefois vous ne lui êtes pas obtus et résistant) vous projetant loin du fini, qui partout se découd, se montre pour ce qu'il est : une oasis créée autour de votre corps et de son monde, à force de travail, de volonté, de santé, de volupté, une hernie de l'infini.

La mescaline refuse l'apaisement du fini que l'homme savant en l'art des bornes sait si bien trouver.

La mescaline, son mouvement tout de suite hors des bornes.

Infinivertie, elle détranquillise.

Et c'est atroce.

L'homme partout menacé d'infini fait tout ce qu'il peut pour en être à l'abri. Très justement.

L'infini, ennemi de l'homme

Le Grand Tourbillon, si on y entre au hasard, brise.

Il faut de toute nécessité *se présenter bien* à l'infini.

Pas seulement comme il est prescrit : après jeûne, continence, abstention de toute distraction.

Pour arriver à faire de l'intraitable agitatrice, de la démentielle infinisante une alliée, il faut à peu près les mêmes dispositions qui se trouvent indiquées dans le Bardo Thödol, pour le voyage dont on ne revient pas, celles que, selon nombre d'enseignements traditionnels, il faut pour affronter les puissances occultes. Il faut y aller presque comme un prêtre, et peut-être ne l'aurais-je jamais trouvé et en serais-je resté à mon premier savoir d'observateur [1] si une fièvre opportune n'était venue me donner ou me faciliter la soumission et l'égalité intérieure nécessaire que je n'avais pas eue jusque-là... et une certaine exaltation.

Exaltation, abandon, confiance surtout : ce qu'il faut à l'approche de l'infini.

Une confiance d'enfant, une confiance qui va au-devant, espérante, qui vous soulève, confiance qui, entrant dans le brassage tumultueux de l'univers second, devient un soulèvement plus grand, un soulèvement prodigieusement grand, un soulèvement extraordinaire, un soulèvement jamais connu, un soulèvement par-dessus soi, par-dessus tout, un soulèvement miraculeux qui est en même temps un acquiescement, un acquiescement sans borne, apaisant et excitant, un débordement et une libération, une contemplation, une soif de plus de libération, et pourtant à avoir peur que la poitrine ne cède dans cette bienheureuse joie exces-

---

1. *Misérable Miracle* (Éd. du Rocher, Monaco, 1956).

sive, qu'on ne peut héberger, qu'on n'a pas méritée, joie surabondante dont on ne sait si on la reçoit ou si on la donne, et qui est trop, trop...

Hors de soi, aspiré plus encore qu'aspirant dans une rénovation qui dilate, qui dilate ineffablement, de plus en plus.

Tout change en effet quand au lieu d'images, d'idées et de vitesse mentale, on arrive à intensifier, à mescaliniser l'*élan*, lequel va devenir extase.

Mais d'autres dangers pas écartés.

L'infini (même s'il n'est qu'apparemment infini) peut être abordé selon trois modes, selon le mode pur, selon le mode diabolique, selon le mode démentiel. Le bienheureux infini, le pervers et satanique infini, l'horrible et traumatisant infini.

Un fil les sépare. Qui n'a été frappé, en lisant les mystiques et les contemplatifs, d'apprendre qu'ils rencontraient sans cesse le démoniaque (appelé par eux le démon), qu'ils ont toujours affaire à lui?

Le dément, lui, a presque toujours affaire à Dieu et au Diable. Ce n'est pas simple mégalomanie et la mégalomanie elle-même est sur ce fil.

Quant au démoniaque, où n'est-il pas? Même l'amour, la meilleure disposition que l'on connaisse pour aller à la rencontre du Grand Tourbillon, même lui y va avec danger. Car l'amour n'est pas sans mélange. Comment savoir si vraiment unique et pur est son objet? Or le transport multiplie et augmente fantastiquement *tout* ce qu'en l'âme il trouve occupé ou désirant.

. . .

Quelqu'un pourrait dire comme il est dit dans les hymnes du *Rig Veda* [1] :

Je suis grandissime. Je m'élève jusqu'aux nuages.

. . .

J'ai bu le Soma. Je me suis élevé du dos de la terre
Je suis arrivé dans le monde de la lumière, de la lumière supra-terrestre.

Mon cœur est maintenant libéré des tourments. Je suis une vaste plaine, un océan d'étendue.

. . .

Je suis arrivé à la lumière. Je suis devenu immortel.

. . .

1. Le *Rig Veda*, le premier des livres sacrés hindous, comprend entre autres cent huit hymnes au *Soma*, préparation tirée d'une plante aujourd'hui disparue, dont les effets sont plus près de la mescaline que d'aucun autre stupéfiant Les prêtres, pour participer à la nature divine, en prenaient et même, selon eux, *Indra* pour entretenir sa *divinité*.

LES EFFETS DE LA MESCALINE

Fais-moi brûler comme un feu allumé.
Fais-moi briller.

Il pourrait le dire celui qui a pris de la mescaline, parente évidente du Soma. Mais il ne le dit pas. En miettes il accueille, et en rechignant, la grandeur sans bornes et les Devas (les brillants : les dieux) que, lui, appellera un éblouissement ou une atteinte du cortex visuel. Ainsi ai-je agi souvent moi-même pour quelques observations préférées au céleste.

Mon étude a commencé de la sorte : fidèle au phénomène. J'ai considéré le spectacle afin qu'il m'instruise.

Elle contient cependant trois transes... inattendues. Mon instruction est allée en effet au-delà de ce dont je pensais être instruit. Même là j'ai d'abord fait la fourmi qui, le nid bousculé, ne perd pas ses œufs et les emporte avec elle. Il a pourtant fallu les lâcher, et me lâcher moi-même, et tout n'a pas fini de rassurante façon. Depuis toujours révolté par les portes interdites, et les « réservé aux initiés », là pourtant j'ai su de moi-même qu'il ne faut pas, et surtout *pourquoi* il ne faut pas parler davantage. L'arme surhumaine aux multiples tranchants ne peut être livrée.

. . .

Certaines expériences pourtant doivent être communiquées. En voici huit qui suivent. A elles de montrer petit à petit, chaotiquement, par surprise, comme il est advenu, l'irrégulier et difficile apprentissage où les éléments d'un monde, d'une connaissance et d'un comportement nouveau défilent devant qui saura les voir ou les reconnaître.

DEUXIÈME PARTIE

HUIT EXPÉRIENCES

EXPÉRIENCE I

Deuxième série

La vision noire

Pris, deux fois à une heure d'intervalle, de la mescaline. 0,20 gramme? Je ne sais. Comment, sans instruments, mesurer des décigrammes? Cette incertitude va me gêner beaucoup tout à l'heure.

. . .

Du magazine que je feuillette des images ou des parties d'images sortent sans raison d'entre les autres. Pareillement dans les phrases parcourues, des mots se détachent, ou des syllabes, et très fort et sans que le sens y soit pour quoi que ce soit.

. . .

De l'eau remue dans un verre auquel j'ai bu. Elle me fait mal à voir. J'en dois détourner les yeux. Je dois tout entier me détourner de cette eau mise à remuer, qui maintenant va remuer éternelle-

Des images
se détachent

. . .

Des
intonations
sortent des mots
de certains
seulement,
de certaines
syllabes
seulement

remuer
éternellement
remuer
éternellement
eau qui va

27

remuer
éternellement

. . .

sensation
menacée
de perpétuité

existe
existe
existe
de plus en plus
existe
insupporta-
blement

ment. La sensation prise dans un entraînement automatique, qui ne la lâche plus. Sensation véritablement « embarquée » sur un renforçateur-continuateur qui la prolonge. Embrayée sur un mouvement continu, elle se continue, se répète, et l'on ne voit pas, puisque sans raison elle se répète, pourquoi elle ne se répéterait pas sans fin, sans fin, à jamais.

. . .

Je prends une revue illustrée et observe un homme qui s'y trouve photographié. Bientôt il me gêne. Il existe trop. Il a une existence croissante. Il existe avec répétition. Il est existant à n'en plus finir. Il n'y a plus de filtre entre son existence et la mienne. Il est existant de façon tout à fait [1] disproportionnée à son importance réelle et à l'intérêt qu'il peut avoir pour moi. Assez. Je n'en peux plus. Que cesse notre confrontation!

A un autre. Ce sera cette jeune Japonaise sur la page de couverture qui tout à l'heure paraissait fort jolie. Elle aussi devient insistante. Je ne vais plus ja-

---

1. Les sensations vite répétées rendent l'objet indubitable. Le renforcement martelant (par un plus grand nombre de « frappes », difficiles à supporter) fait craindre que l'objet ne devienne ineffaçable, impérissable. En effet on n'arrive pas à l'éliminer à mesure. Il *revient* aussitôt en force.

mais pouvoir cesser de la voir. Elle (son image) est renforcée de renforcements qui ne m'apprennent rien de plus. Elle appuie. C'est tout.

Tant pis, regardons les barques alors, les belles embarcations malaises à proue relevée, qui me plaisent tant, non, qui me « plaisaient » tant, leur proue a maintenant quelque chose de particulièrement proue, d'insupportablement proue. Elle me fatigue à force d'être proue. Elle est proue à ne plus laisser tranquille ce qui en moi n'est pas proue. Elle est fanatiquement proue. Regardons les rames alors. C'est pire. Tous les aigus sont trop aigus. Les rames siamoises sont d'ailleurs assez aiguës du bout. Mais leur aigu n'est pas pareil aujourd'hui. Leur aigu proclame de l'aigu. Leur aigu me perce. Vais-je continuer ? Cette revue illustrée sur l'Asie, choisie pour m'apaiser, qui habituellement y réussit fort bien, devient un lieu de mauvaises rencontres. Encore quelques coups d'œil. Voici un pêcheur. Une bonne tête assurément. Pourtant, il est « trop ». Après la mescaline, on est gêné par l'autre. Devant l'image des hommes, on « ne fait plus le poids ». Et toujours leur insistance à continuer à être. Ce qu'il y a de bien dans la réalité ordinaire

Proue
trop proue
aigus
trop aigus

En face
des hommes
on ne fait plus
le poids
Insupportable
pérennité
de l'autre

(celle de la réalité photographiée plus encore) c'est qu'elle peut s'effacer de nous, en nous, la bonne, la brave, la si oubliable réalité. Celle-ci au contraire se maintient, ne part pas, ne se détache pas. Tout spectacle devient danger. De rares îlots innocents au milieu de « pièges à vous garder ». Voyons encore une photo ou deux. Une douce plage, voilà qui ne saurait faire de mal. Quelques adolescents nus dans le sable, mais qui tout à coup me paraissent trop vulnérables, trop exposés à un écrasement.

Vite, allons à une autre photographie, à celle-ci par exemple, dans laquelle on voit un Oriental jouer au cerf-volant. Je regarde. Tout semble aller bien, quand, lisant distraitement la légende et les mots anglais « with gaudy eyes... shaped kites », que je ne suis pas sûr du reste de comprendre, soudain sortent de la phrase, de la page, et retentissent à part comme sous l'effet d'un étrange et intempestif résonateur les « aie », très fort, avec une force qui les enfonce en moi et fait reculer d'autant la page en couleurs qui ne me dit plus rien.

(de eyes
et de kites)

aille
aille
qui
retentissent
à part

L'existence énorme soudain et criante des « aille », « aille », qui retentit dans

ma tête et dans ma chambre parfaitement silencieuse a quelque chose d'indicible et d'« au balcon ».

Je m'arrête, pour reprendre la revue
un peu plus tard, mais cette fois sans
lire et sans regarder plus d'un instant,
en vue d'éviter les « pièges » de la continuation automatique. Mais en la feuil-
letant, le bruit léger de froissement que
je provoque en tournant les pages prend,
miraculeusement amplifié, une importance extrême et générale, une importance comme celle que serait un pro-
chain changement de vie qu'on m'eût
annoncé ou une croisière au loin. C'est
seulement le lendemain que je crus comprendre que cette extrême importance,
sans aucune signification visible et liée
à coup sûr au majestueux bruissement
des feuilles de papier, avait dû hier rap-
peler par là, sans l'avoir pu évoquer, un
croiseur ou un paquebot qui évolue dans
un port de mer. Le terme de comparaison escamoté est un des phénomènes de
la mescaline. L'objet de la comparaison
manque, ne peut pas venir, et l'impression qu'il eût dû donner se répand sans
lui dans la situation qui surprend et
garde son secret.

Allons, quelques photos encore, les
dernières. Une femme orientale. Je la

face à face
qui ne finit pas

regarde. Nous nous regardons [1]. Encore cet excessif face à face. Elle est devant moi. Elle va vivre, mais je ne le permets pas. En général ma vue est composée d'un accueil et d'une résistance. Ici presque pas de résistance et pas mal d'accueil. En somme, par une photo je me laisse fasciner, hypnotiser. (Hypnotiser quelqu'un, c'est — entre autres actions — l'empêcher de faire des réflexions, sauf une, celle qu'on lui impose.)

Je ressens pour certaines têtes une antipathie folle. Incommodantes, repoussantes, impossibles. Et pas un visage d'homme qui soit quelconque. Le quelconque ne reste pas longtemps quelconque. Ah, ces visages d'adulte, comme c'est effrayant!

Ah, ces têtes
d'adulte
effrayant,
effrayant
que ça existe

. . .

gêne
agitation

. . . à toute allure passent, sans s'achever, à jamais immémorés. . .

. . .

Je suis sorti. Je m'énervais trop. Me voici quai des Grands-Augustins. Entre

---

1. Le Dr Morselli fait la même remarque au sujet d'un portrait du Titien dont il dut précipitamment se détourner et dont, tout un mois durant, il ne put soutenir... le regard. (*Journal de Psychologie normale et pathologique*, XXXIIIe année, n°s 5-6, 1936. « Le Problème d'une schizophrénie expérimentale. »)

deux rafales intérieures, je jette les regards sur cette grande artère qui me
paraît souffrir d'un manque, un manque
étrange sur lequel je ne saurais mettre
le doigt. Elle manque, sans doute, de
moi, de tout ce que j'y mets d'ordinaire.
Ainsi, après une forte dose d'un produit
similaire, S... entré dans la rue du Dragon, pour lui des plus familières, ne s'y
sent pas réellement, mais dans une fausse
rue, décor parfait de ce qu'est la rue
du Dragon.

malade,
cette rue,
rue à qui
il manque
quelque chose

En somme elle est vidée de son unité,
et de l'unité qu'elle constituait, formée
de la rue du Dragon et de l'être de celui
qui la regardait et la meublait, la gon-
flait de ses sensations.

Enfin, place de l'Opéra. Dans un
grand café où je me suis arrêté, pensant arrêter ainsi le carrousel qui me
tient. Mais nos agitations respectives,
dans une dysharmonie et une cacopho-
nie extrême, comme deux orbites se traversent sans se mêler d'une manière effarante.

incalmable
café
incalmable

Ça ne va plus. Serais-je allé au bout
de mes forces? Attention. Je ne dois
pas m'effondrer. Aucun taxi. C'est di-
manche. Ne pas s'affoler. Je vais prendre
le 27. Dans l'autobus, je cache sous
des lunettes anti-lumière mes yeux à

la pupille trop large qui pourrait impressionner certains et qui dans le café peut-être m'a fait remarquer.

Il y a du monde. D'accord, je m'intéresse aux têtes. Mais dans les photos, je choisissais les miennes, celles qui me disaient quelque chose, et encore elles devenaient vite pénibles, pesantes, pénétrantes.

*noire, noire
tête d'Othello
sortie des
scories
d'un volcan
de passions*

Ici le hasard seul distribue devant moi les visages. Le sort vient de placer en face de moi une tête de nègre. Pas effrayante. Non, mais de trop, mais encombrante comme la figure d'une de ces femmes que l'amant d'un soir a emmenée chez lui et retrouve le lendemain sortant d'un lourd sommeil sur l'oreiller, bouffie, incompréhensible, énorme, défaite par la fatigue, « déviée » et dont il se demande aussitôt comment il va s'en défaire, ou semblable aussi à la tête d'un inconnu qu'après un bombardement on trouve sur son épaule, livide, mal foutu sous les gravats et les morceaux éparpillés et dont on attend vainement qu'il se dissipe comme la dernière trace d'un mauvais rêve.

. . .

Enfin sur mon nègre comme sur tant d'autres objets se répand, se répète la litanie intérieure qui dit « toujours, toujours, ne finira plus, ne finira plus, ne finira jamais ».

. . .

L'effort qu'il m'a fallu pour regagner l'appartement et pour, étendu mais non détendu, regagner en moi la zone des visions intérieures, je ne saurais le dire, je laisse tomber comme tout semblait me laisser tomber, comme ma tête alors, ma tête qui faisait « corps à part », ma tête que je grattais, que je frottais sans arrêt et sans rien me dire, mais je connaissais ce signe, et qu'il n'est pas bon, pas bon du tout, l'ayant remarqué plus d'une fois [1]. Signe d'insensibilité qui gagne, et quand elle a trop bien gagné, finie toute maîtrise. Est-ce que cette fois encore ça va tourner ma vigilance et m'enlever à la tête de mon être.

vacillement
vacillement
ma tête
fait corps
à part
fait usine
à part

Visions, nombreuses, vives, vives.

Mon pouls est sec et dur, ma tension

Visions, vives,
vives, noires

---

1. Le signe qui ne manque jamais, qui conditionne ou provoque ou réalise tous les autres, dans la crise d'hystérie et l'extase, c'est la *perte de sensibilité*, commune aussi chez les pervers instinctifs, signe, enfin, qui faisait reconnaître au moyen âge les sorcières. Seule l'intensité diffère, grande ici, mais chez eux totale. Elle entraîne le reste.

Retirée la sensibilité, l'homme entre dans l'infini, devient sensible à l'infini et perd l'ordre mental. Il entre en état second.

Sensibilité (ses renseignements) indispensable.

Une logique de dément est une logique que la sensibilité n'avertit pas d'avoir à cesser pour faire place à autre chose.

35

sans doute qui monte dans mes artères
scléreuses.

. . .

et si j'allais
ne plus voir
que du noir
si j'allais
me trouver
à tout jamais
dans le noir

Tout à coup j'ai peur. Je viens de
voir des images noires. Et si j'allais ne
plus rencontrer que le noir. Si j'allais,
dehors comme dedans, me trouver à tout
jamais dans le noir.

Moi qui avais cru jusque-là en vertu
de je ne sais quelle considération sur
l'optique, que l'on ne pouvait avoir de
visions intérieures vraiment noires, j'y
suis, maintenant, et destiné peut-être à
payer catastrophiquement de ma vue ma
damnée curiosité. Par taches je suis envahi, couvrantes, grouillantes, obnubi-
lantes. Les habituelles roches fissurées
sont noires, les monuments qui tremblent
sans tomber sont noirs et noires aussi les
têtes, anthracitement noires. Et ce n'est
qu'un début. Le fourmillement devient
spatial.

Aussi loin que je peux observer, des
points noirs s'y forment, se rapprochent
(plus je regarde dans une direction, plus
malgré moi j'y mets du noir), se rap-

l'attaque
des noirs

prochent pour se souder et se mettre
à former une immense gangue presque
ininterrompue, presque d'un bloc, quand
à ce moment critique, l'espace lui-même
disparaît, et un autre surgit, où pareille-

ment des points noirs, cette fois des sortes de carabes, mais qui seraient follement nerveux, se mettent en marche, se mettent en course, venant de toutes les directions, comme pour se pénétrer, s'agglutiner et déjà s'agglutinent et en une masse presque unique, quand l'espace une fois de plus disparaît, d'un coup, tandis qu'un nouveau prend place, soit petit, soit grand, mais qu'infailliblement de cette façon ou d'une autre les noirs vont en un rien de temps menacer, assaillir, envahir, filant comme des fusées, petits au départ, immenses toujours à l'arrivée.

des noirs venant du bout du monde

Parfois en suspension dans l'air, pareils au précipité d'une fantastique floculation, ils tombent par millions, grains noirs serrés les uns contre les autres, sans arrêt, faisant à toute clarté une effarante et méthodique interception.

floculation noire

Du fond de je ne sais quoi toujours renouvelé, des corps noirs avancent vers moi, ne laissant libre du champ de la vision intérieure qu'une toute petite fente, qui me sauve de l'obscurité totale. Cependant sur le noir déjà répandu se pose parfois un nouveau noir, un noir-noir, un noir de record, un noir de nécrose, qui non content de couvrir le champ se met à toute vitesse à gagner la fente, qui va donc fatalement être bouchée quand, nouvel aspect du drame (et qui revient bien au même) ce n'est plus des extrémités vers le centre de la vision que viennent les noirs menaçants, mais c'est du centre et du fond de l'œil même que des millions de gouttelettes noires se mettent à sourdre sombrement et à jaillir, à fuser et à faire geysers. De mon œil? Du centre de ma vision interne? Comment est-ce possible? Mauvais signe, pour sûr, plus que mauvais signe, et je n'ose vérifier la cécité, préférant garder un espoir. L'inquiétude toujours grandissante, je tourne enfin les yeux vers la fenêtre et les ouvre. Il doit être assez tard, mais un reste de clarté de cet après-midi d'hiver, un reste misérable, mais suffisant, témoigne : « Non, non, tu vois, tu n'es pas encore aveugle, tu vois au moins encore un peu. »

Étrange, cette légère coloration devrait me soulager, me réconforter, mais non, je ne la considère pas et ne peux demeurer à la regarder. Une puissance de fascination m'en fait détourner les yeux et me contraint à les fermer et à regarder en moi, où je sais que des vues étranges circulent que je ne dois pas laisser passer sans en prendre connaissance.

La bataille qui peut me perdre, la bataille
d'obscurcissement, il faut que j'y assiste.
Les yeux refermés je replonge aussitôt
dans l'engouffrement sombre. D'ailleurs
la cécité dont je suis donc indemne n'est
pas tout. Je puis n'être plus capable que
de représentations noires, autre infir-
mité.

Il ne faut pas non plus que je m'at-
tarde à quelque pensée susceptible de
représentation. Car, à peine est-elle venue à l'illustration de la pensée, à peine
l'image vient-elle de se former, qu'elle
est aussitôt couverte de noir. Le noir
l'occupe comme un lotissement qui lui
était dû.

Double toujours est le mouvement :
du bout du monde vers moi, vers le
centre de ma vision, puis du centre de
ma vision vers les extrémités du monde
(ou si l'on veut vers la périphérie du
champ de la vision), ce dernier mouvement devient plus apparent et, à y réfléchir, plus extraordinaire.

*Effrayant qu'il
puisse exister
des distances
pareilles*

Le noir, parti du centre de mon écran,
se dirige vers les bords. Il devrait les
atteindre et bientôt, mais il n'y arrive
pas complètement, un rien y manque.
Jamais il n'arrive à remplir complètement l'aire de ma vision. Voilà qui est
singulier et qui engendre mon problème

(car je ne dois pas rester inactif) : faire
toujours plus d'espace. Arriverai-je à
l'étendre chaque fois autant qu'il le faudra? Ou vais-je à un moment être à
court d'espace? J'en consomme tellement, il ne faut pas l'oublier, et tellement vite et c'est indispensable. La cadence des vagues de noirs est formidable,

vagues
de noirs

mais ma cadence d'espaces est formidable aussi et m'émerveille moi-même.
Les noirs sont un monde. Mes espaces

faire de
l'espace
à toute allure,
toujours
plus d'espace

sont un monde. Jamais vu combat pareil.
Il me vient par moments le soupçon que
tel de mes espaces pourrait n'être pas
immense, mais petit; cependant dès que
je le vise, il est comme, vu au télescope,
l'amas stellaire d'une nébuleuse spirale,
on n'en peut trouver la fin.

La très vague brillance à la fenêtre
s'est à présent encore dégradée, sans
avoir disparu tout à fait. Même ainsi
affaiblie, elle me gêne quand il m'arrive
d'entrouvrir les yeux. Sans m'attarder,
je reviens à ma nuit, nuit de houille, sans
faille (sauf l'étroite fente habituelle),
sans zones de moindre noirceur, véritable condensé de nuit, ou plutôt nuit
psychique c'est-à-dire absolue. La nuit
des aveugles, me disais-je pour me tran-
quilliser, ne doit pas être pareille. Qu'est-
ce que j'en savais? Et qui me dit que

ma cécité à moi ne sera pas noire, intégralement noire? Celle-ci en plus était activement noire par renforts continuels de noirs. Jamais je n'arriverai à exprimer ce qui faisait ce noir plus noir que tout, hermétiquement noir, et surtout négriférant, rechargé sans cesse de nouveaux apports de noir.

ce noir psychique

J'étais frappé de stupeur et par ce mécanisme d'occultation qui me tenait, et par ces nouveaux afflux noirs incessants (maximas indéfiniment dépassés) et par l'impression d'une dépossession qui allait loin, incapable que j'étais de trouver dans ma mémoire le moindre souvenir où il y aurait eu une trace de couleur. Que faire? Je ne peux rien.

Je suis fatigué. Toujours ces affluences de noir, moins promptement répétées peut-être depuis peu, moins inventives. D'ailleurs cette fatigue n'est-elle pas la fin de la peur, le repos?

Les flots porteurs de noirs commencent à me devenir légèrement indifférents. La mer des noirceurs est devenue étale. Les minutes n'apportent plus de nouveaux noirs, ou peu, et plus du tout assaillants. Il se passe du temps sans que j'y fasse attention, autre bon signe, excellent même. Je commence à m'en désintéresser.

Par moments un très, très long attelage, menue ligne horizontale, traverse la steppe immense de ma vision.

La tranquillisation intérieure commence, est venue. J'éclaire la chambre, mais je n'aime pas ce qui se présente à ma vue, les objets, les meubles, les surfaces de couleurs. L'excessive variété de couleurs et de tons, paraît si générale, méprisable, de mauvais goût, injustifiable, sotte et indigne, à l'ascète du noir que j'étais, que je suis encore et qui en est inexprimablement gêné.

Ah, ces couleurs!

Je préfère revenir à ma vision noire, bien réduite sans doute, se réduisant de plus en plus, mais qui au moins ne me distrait pas avec une pluie de notes colorées, n'est pas opérettement en récréation, est pure de cette sauterie ridicule des couleurs les unes sur et avec les autres. L'innombrable va devenir, est devenu du fini.

retour à l'abominable diversité des couleurs

.   .   .

Seul, de loin en loin, un fil noir traverse encore avec lenteur et par le milieu, le champ de ma vision, dernier et inutile avertissement. C'est passé. Je ne suis pas aveugle. Le drame noir a cessé.

.   .   .

Il y a des retours de visions. Ce sont les plus appréciées. On sait qu'il n'y a plus de risque. Mais voici que leur infini souvent a disparu au profit d'images presque normales, dont on sait bien maintenant qu'on se fiche. Or on peut le susciter. A condition d'être encore capable de vraies visions. Peu d'erreurs là-dessus. Encore faut-il y aller voir.

Voici comment je procédais. Je faisais donc mentalement, les yeux fermés, comme si j'allais observer en moi, quoique devant moi, « derrière mon front », une surface petite, disons un centimètre carré, et bientôt, le négligeant, une surface plus petite, comme un millimètre carré. Plus besoin du reste. Et je « visais ».

Concentrer son désir, son attente de vision sur le plus petit espace possible

Le carré alors s'approfondissait, s'approfondissait, des mondes y apparaissaient, de nouveaux mondes en ceux-ci apparaissaient qui en d'autres mondes plus grands encore et plus reculés s'approfondissaient.

L'infime en infini s'approfondit

Surtout ne pas vouloir voir grand. Le grand est l'ennemi mortel de l'infini. Plus petite est la surface que vous regarderez, plus aisément l'infinie fragmentation s'y mettra. L'espace se brisera, en points, en points de plus en plus nombreux, leur division augmentera fantastiquement, la divisibilité ne trouvera plus de limites : vous y êtes.

Ainsi l'on repart vers l'infini.

Dans une figure donnée un tout petit espace qui commence à se creuser d'infini.

La dose la meilleure permettant à un homme d'un poids moyen d'obtenir des effets visuels marquants semble être aux alentours de 0,1 g.

Au-delà de 0,5 et jusqu'à 0,9 g., ils disparaissent curieusement, faisant place à une bousculade dans le mental et à de la folie, comme j'en fis un jour l'expérience. Mélange de manie aiguë et de schizophrénie.

Sur 140 malades examinés par le Dr Wilhelm après des doses de 0,7 g. et au-delà, une demi-douzaine seulement connurent et encore sans ampleur des visions colorées.

Le rapport du professeur J. S. Slotkin, de l'Université de Chicago, n'en relate pas un cas franc (sauf le sien) après absorption du peyotl. De même Carl Lumholtz qui accompagna les Huichols au pèlerinage du peyotl signale des effets très modérés.

Dans la deuxième série d'expériences que relate le présent livre, j'ai utilisé des doses extrêmement faibles depuis 0,03 ou 0,04 jusqu'à 0,3 g.

L'attention et la décontraction plus importantes que les quantités absorbées.

EXPÉRIENCE II

Deuxième série

Pour entreprendre l'expérience avec plus de calme, je me rends, après avoir pris une pastille de gardénal, à M..., en banlieue où un mien ami possède une villa et, y attenant, un garage que j'avais autrefois aménagé en studio, d'où n'a pas été retiré mon divan qui va me servir une fois de plus aujourd'hui. Mais une voiture y est garée... qu'on n'utilise pas.

Dans le jardin, pendant une demi-heure, détente. Ensuite, je prends la plus grande part d'une ampoule de 0,1 g. Il est 11 h. 30.

Midi moins dix. Je ne sens rien, mais déjà je sais que les numéros d'immatriculation sur la plaque arrière vont me

*numéros
frappants,
martelants,
tensionnels*

devenir pénibles, frappants, intolérables. Les gros chiffres policiers, impératifs et brutaux vont me faire mal et dès à présent peut-être me martèlent.

Précipitamment, je les cache sous des rameaux feuillus et des fougères que je vais arracher dehors.

Cela fait, il se trouve que la voiture elle-même me paraît exagérément, inhumainement massive, antinaturelle, véritable volcan éteint. Je la recouvre à son tour, tant que je peux, de branchages.

Pourquoi ai-je mis tant de plantes? Peut-être parce qu'elles gardent toujours et un mystère et une harmonie profonde, tandis que les meubles, les outils, l'automobile sont, je le vois, des espèces d'amputés grossiers, d'êtres obtus qui gueulent leur ambition limitée et maniaque, des infirmes de mauvaise compagnie.

. . .

*12 h. 15.
fin
de l'ampoule*

Je sens — comment dire — comme une pression de singularité.

. . .

*s'en souvenir
l'étrangeté
toujours pré-
cède les visions
insensibilité
sporadique*

S'en souvenir : régulièrement l'étrangeté précède les visions. De très vagues retraits de sensations modifient les liens avec le monde, qui sont éprouvés différemment. On est en métamorphose intérieure. On se dirige, mais pas d'un bloc,

vers l'état second. Celui-ci une fois installé, l'étrangeté première cesse, rem-
placée par l'impression d'un *autre* monde,
au lieu qu'avant d'être pris entièrement
par la mescaline, on se trouve *entre* deux
mondes.

*La nouvelle
norme
est en voie
d'installation*

Incomplètement transmué, je suis
donc d'abord dans une étrangeté désé-
quilibrée, aussi indécise, sautante, chan-
geante, que pattes de bergeronnette courant de-ci de-là sur les sables d'une plage.
Je ne trouve dans les peintures que je
regarde aucune qui s'accorde le moins
du monde à cette singularité (sauf un
peu un tableau de Conrad Witz), mais
pas du tout la peinture religieuse, pas
du tout les photos des pays étrangers,
même les plus étrangers.

*Singularité.
L'exotique
pas singulier
de cette
singularité-là*

Singularité gagne, mais toujours sans
unité. En somme la singularité provient
de ce qu'il n'y a pas encore assez de singularité en moi.

*Singularité
gagne*

. . .

Parcourons des photos. Pour la première fois sans doute, je vois les deux
grands yeux peints sur la tour des temples
népalais comme sûrement les fidèles de
là-bas les regardent, c'est-à-dire en se
sentant « regardés ».

Même résultat, quoique moindre, avec
d'autres photos de statues et de pein-

tures d'hommes. C'est comme si quelqu'un manœuvrait en moi le rhéostat à laisser passer peu ou plus de courant, peu ou plus de ma résistance aux autres. Laissant passer tantôt plus tantôt moins la force regardante de la photo.

sur moi
la douche
des regards

Le rayonnement des regards (des gens en bonne santé) me fait mal comme une douche écrasante. Je voudrais pouvoir déposer la charge de leurs regards, qui par ailleurs ne sont ni spécialement inquisiteurs, ni réprobateurs, ni mauvais. Ce qui me gêne, c'est que je n'ai plus de quoi résister à la pression d'un regard normal, d'où je comprends soudain de façon nouvelle la nécessité, dans les cas où l'on est faible, dans les cas de maladies, d'avoir des infirmières douces et comme flexibles...

Ici une réflexion, sans se terminer, s'envase dans de multiples surprenantes difficultés.

.   .   .

Je prends
un peu de
poudre de
mescaline
— au jugé
(0,1 ou 0,2?)

G..., la femme de mon ami, vient s'informer si j'ai besoin de quelque chose et m'avertit qu'elle restera dans la villa cet après-midi. « Pas la peine », fais-je et je ris, ajoutant qu'avec le gardénal je me suis si bien calmé, que sans doute il ne se passera rien du tout, que voilà

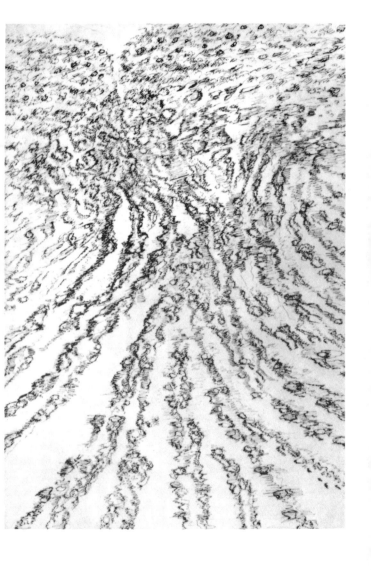

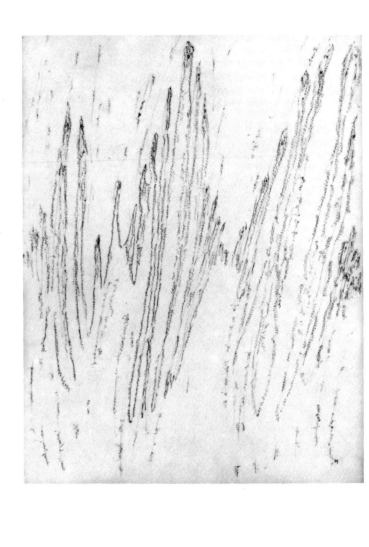

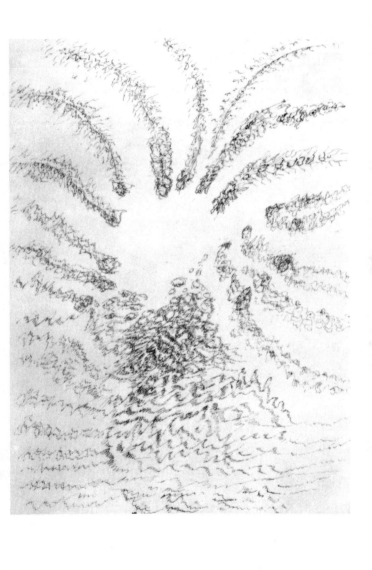

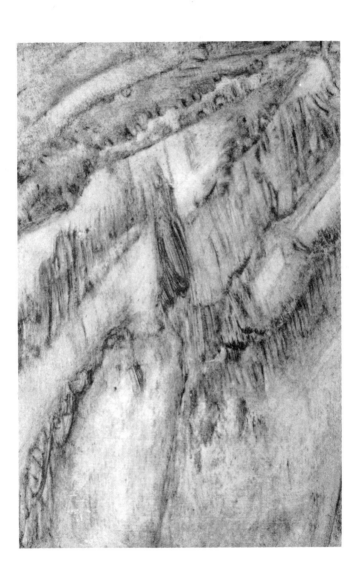

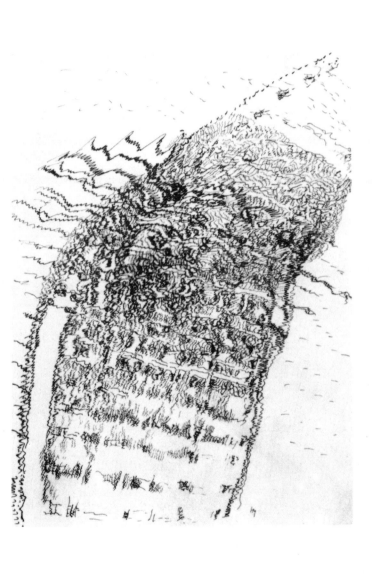

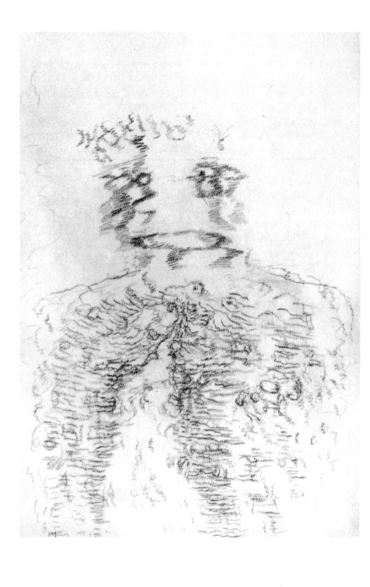

ce qui arrive à prendre trop de précautions, quand, en riant, j'entends soudain dans mon rire le rire de Supervielle
dans le mien et de l'intérieur, comme
par les os du crâne ou plus intérieurement encore et accentué singulièrement,
j'entends le rire de Jules Supervielle,
qui s'y est substitué entièrement.

Le rythme, les décharges successives
de ce rire étaient si Supervielle, que l'assimilation était complète. (Je l'ai déjà
dit, dans l'état second la comparaison
n'existe pas, n'est pas perçue comme
telle). Ou le terme de comparaison est
absolument insensible, imperceptible,
annulé, ou il engloutit et rafle entièrement le sujet. Qu'on pense à une pha-
gocytose immédiate.

Dans le « *ceci* » qui est comme « *cela* »,
le « *comme* » n'existe plus et *ceci* disparaît dans *cela* qui reste unique, ou bien
cela entre totalement dans *ceci* et y disparaît sans avoir été à aucun moment
perçu [1]. L'assimilation donc était si com-

---

1. Ce qui eût été normalement une comparaison a été
ici assimilation totale. J'aurais pensé : « Tiens, je viens de
rire d'un rire qui *ressemble* à celui de Supervielle. » La comparaison n'est pas toujours recherche d'une correspondance,
mais souvent plutôt un moyen de *tenir à distance* (raisonnable — lui donnant place raisonnable ou belle) une image
venue d'emblée, sans crier gare, irrépressible, sans « s'expliquer » et dont on ne voit pas toujours soi-même l'à-propos.
On dit alors si faussement « à propos » ou « cela me fait
songer à » ou « c'est comme ».

plète (pour moi), son rire avait si entièrement mangé le mien que je me demandais comment G... le supportait. Ou
bien avait-elle peur de me montrer le
malaise que lui causait mon état et cette
étrange substitution, peur de me faire
plus de mal en se montrant inquiète?

Je ne m'arrêtai pourtant pas aussitôt
de rire, fasciné sans doute par ma superviellisation extraordinaire. Il me semble
que si Françoise et Denise (ses filles)
avaient été. là, elles eussent eu peur,
pensant devant cette présence inexplicable à un phénomène de possession et
à quelque chose de presque diabolique
et de traître.

．　．　．

Carrousel *commence* Je commence à être entraîné dans une
sorte de tournoyant carrousel. Je m'y
tiens sans grand dommage. J'y habite.

．　．　．

Je ne vois toujours rien, ce qui
m'agace, car ce sont les visions qui m'intéresseraient.

l'éclabousse- *ment* *de blanc* 1 h. 15. Éclaboussement de blanc
crayeux.

．　．　．

De toutes parts fusent des sortes de
sources blanches.

Suis en plein dans la respiration mescalinienne.

Des draps blancs, des draps blancs qui
seraient vertigineusement secoués et fré-
missants. Comme si je venais d'entrer
dans une nouvelle patrie, où au lieu du
drapeau tricolore, de couleurs, et de
n'importe quoi, on y arborait, et en
quantité folle, le seul blanc, blanc diamant, étrange patrie nouvelle où à tout
autre occupation on préfère dresser et
faire flotter des linges blancs dans une
fête délirante qui ne cesse pas.

*la patrie
du blanc
diamant*

.   .   .

Je suis dans les plus extrêmes superlatifs, que pourtant je résiste à formuler
tant je déteste ça naturellement.

tressautement

.   .   .

Maintenant c'est comme si j'entrais en
gare d'une ville où l'on changerait de corps
(totalement, par transsubstantiation).

.   .   .

Agacement. Je subis un savant agacement comme si j'étais obligé mentalement de clignoter intérieurement à la
vitesse d'une vibration.

.   .   .

Stupide, absurde, exorbitant. Je n'aurais pas dû reprendre de la mescaline.
Car j'en ai encore repris un peu, il y a
quelque temps. Quand? Si encore je
voyais des couleurs au lieu de cet étin-
celant blanc, blanc, blanc!

*Friction
par le blanc
cliquetis secret
du blanc*

*Dans
la tempête
du blanc*

*En sortir
comment
en sortir?*

*blanc
blanc*

. . .

*blanc
de torrent
qui ne me
lâche plus*

. . .

*blanc
qui reste,
dont je ne
« reviens » pas*

. . .

*le blanc
frappant
ma pensée
de blanc*

. . .

Comme si chaque seconde disait « à perte de vue », « à perte de vue ». Cliquetis secret du blanc. Je dois faire quelque chose avant que ce blanc n'opère le hachage complet de ma volonté et de mes possibilités de décision. Il faut faire quelque chose, mais quoi? Ce blanc est excessif, ce blanc m'affole, je n'y vois aucune forme. Je prends un nouveau comprimé de Nicobion (l'antidote) et du sucre, et encore du sucre dans le même dessein. Je ne veux plus continuer l'expérience. Je connais tout ce blanc par cœur. Pour de la répétition, pour du connu, pourquoi souffrir? Je reprends du Nicobion, mais au bout de combien de temps va-t-il agir... s'il agit?

Une fois lancé, quelle résistance a ce blanc. Le blanc ne me laisse pas tranquille. Le blanc est à l'avant-plan. Le blanc pousse de tous les côtés. Je ne peux plus rien mettre entre le blanc et moi. Vais-je reprendre encore du Nicobion? (les remèdes souvent pires que le mal, quoique celui-ci paraisse innocent). Oui ou non? *Mon hésitation est blanche.* C'est inouï. Ce n'est pas un mot, une demi-vérité, c'est ça, mon hésitation est totalement blanche, comme est blanche ma constatation que mon hésitation est blanche. Le blanc frappe de blanc toute pensée. Je fais plus de blanc que de n'importe quoi.

Le blanc coiffe tout. Il y a dix frappes de blanc, pour une de réflexion. Mes réflexions lattées de blanc, gravement mais non douloureusement scandées de blanc — m'horripilent, horripilation blanche. Je n'en veux plus. Je voudrais un mot qui ne fasse pas blanc, qui ne « prenne » pas le blanc. Mais le blanc invraisemblablement accroché orchestre et mitraille toute pensée.

Que faire? Mon hésitation même est blanche les mots deviennent blancs

Je reprends du sucre et encore du Nicobion. (J'ai dû en prendre et cesser de compter depuis un bout de temps.) Il faut que je mette arrêt au blanc. Je ne veux plus arborer de blanc. Je ne veux plus que blanc crie sur moi, je veux cesser d'avoir envie intolérable, pour me délivrer au moins ainsi, de crier « blanc! blanc! blanc! ».

Le martèlement blanc continue. Je n'arrive pas à déplacer les ininterrompues blancheurs qui se placent sur les mots qui me viennent à l'esprit, et d'une certaine façon même sur ce que je regarde et sur toute ma situation, même dans ce garage pourtant jaune, situation blanche, blanche, blanche, par coexistence forcée de tout phénomène mental

migraine de blanc

cosensation copensée

en moi avec ce blanc incessamment frappeur, rappelé, conscient.

. . .

Ce qui me fatigue, et fait que c'est une torture, c'est que je ne l'accepte pas. Je ne prends pas mon parti de ce blanc. Je ne veux pas de ce pavillon.

. . .

Et maintenant? Ai-je des visions, ou non?

Je vois, non je ne vois pas. Si, ce sont des visions. Non, ce sont des effacements de visions, des entreprises spasmodiques de visions. C'est comme si sur un portail de cathédrale cent statues de saints peu différents et vus d'assez loin changeaient de niches chaque demi-seconde, l'un avec l'autre, mais si prestement qu'ils occuperaient la niche de l'autre sans qu'on voie leur passage, mais seulement le résultat de la substitution qui du reste s'invertira aussitôt, aussitôt et sans fin.

Cent substitués à cent presque pareils. Cela plusieurs fois en chaque seconde. Insupportable, insupportable. Quelque chose d'humiliant aussi à être traité à cette inhumaine vitesse à laquelle on n'a pas été préparé où l'on se sent collégien recalé.

. . .

1 h. 45. Je prends une véricardine. Je deviens bête (assommé) et, quoique agité, presque somnolent, étonnante contradiction.

Non décidément, comme dit Y... « la mescaline n'est pas l'amie de l'homme » et moi j'en ai totalement par-dessus la tête. Toupie tournante qui ne m'apprend plus rien. Je me lève, ouvre la porte et passe à côté dans la villa, ne pouvant rester seul. (Peur d'être « perdu »?) Là, mon agitation mescalinienne encore une fois mal placée, je vais me mettre avec G..., à parler pendant deux heures, gâchant par des approximations l'observation intérieure dans laquelle j'aurais dû et ne pouvais plus me retirer. J'en ai perdu le chemin. A vrai dire je n'ai pas encore commencé de parler, mais uniquement parce que je me retiens, ma direction braquée dans ce sens. J'ai déserté le plus intérieur. Tout ce qui est rare perd 90 % dans la parole.

Tandis que je me suis mis à boire tant que je peux d'eau, d'infusion et de thé sucré la vieille chienne couchée au pied du divan aux ressorts faibles (elle est vieille et son odorat ayant beaucoup faibli, ses yeux dont elle se sert davantage lui remplacent tant bien que mal son flair disparu et lui donnent l'air humain, l'air d'une vieille) après m'avoir regardé à plusieurs reprises avec un air de profonde interrogation (ne m'ayant jamais vu ainsi agité, me levant, m'asseyant, me servant à boire, me couchant, me relevant) s'est remise la tête entre les pattes.

Allons, ce ne doit pas être grave alors, mais comme j'aimerais apprendre ce qu'*elle* a remarqué en moi.

. . .

Agitation.

. . .

grignotement   Grignotement, grignotement (ce qui fait que certains alcooliques voient des rats qui n'existent pas, c'est l'impression de grignotement, qui postule le rat, *brisement* qui apparaît alors dans les rainures du *brisement* parquet ou grimpe aux jambes de leur pantalon).

. . .

absences   J'ai des absences, beaucoup d'absences.

. . .

Quand quelqu'un parle, G... ou même moi, chaque fois c'est la même surprise. C'est si fort, la parole, si à part de tout.

. . .

Irréalité grandissante.

. . .

Pris encore plusieurs comprimés.

Toujours remuer.

L'être déchiré, en dentelles, cherchant vainement la psychosuture.

La lumière vrombit en ma tête.   *lumière*

Vrombissement de l'avion, ses quatre hélices lancées à pleine vitesse, ainsi la   *Blanc vrombit
lumière vrombit en ma tête qui n'en   *en ma tête*
peut plus, qui doit tenir pourtant.

. . .

Encore deux Nicobion. Je voudrais être au bout. Combien de centaines de fois déjà ai-je voulu être au bout, au bout de ce harcèlement, au bout.

Je suis comme si mon être, ou plutôt une partie importante de mon être, se trouvait par magie posé sur l'extrémité d'un diapason qu'on ferait vibrer et dont je serais condamné à suivre chacun de ses multiples damnés aller et retour incroyablement précipités.

Harcèlement.

Je deviens plus fragile décidément. Est-ce que ça n'aurait pas dû être le contraire ?

. . .

J'ai dû parler tout un temps.

. . .

4 heures. Encore un Nicobion. Le début d'une soif jamais connue, qui va me faire boire quinze ou vingt verres d'eau. De grands frissons m'obligent à chercher

précipitamment des couvertures pour
m'en couvrir. Ainsi la mescaline, indif-
férente à ma résistance et à mes anti-
dotes, continue imperturbablement son
cycle, arrivant à son maximum après
4 heures et demie, et se terminant après
8 heures, exactement comme si je n'avais
usé d'aucune défense contre elle.

. . .

Rafales,
rafales

Rafales, petites rafales d'un blanc vio-
let.

Je ne me laisse pas entraîner.

Courez toutes seules, vous m'agacez.

. . .

Brisement, brisement.

Est-ce un progrès, un vrai? J'ai pu
cette fois parler, tenir une conversation
sur ce que je voyais et observais du
phénomène. Mais à quel prix! Par prélè-
vement sur l'attention qui beaucoup
mieux se fût trouvée placée sur des visions. En parlant, je me volais ma mescaline, je m'y soustrayais.

vitesse

On existe par infiniment de présences
de suite. Succession inouïe, et déjà des
multitudes de moments sont passés et
continuent de passer depuis cette réflexion, et beaucoup plus encore depuis
les deux ou trois minutes peut-être que
je n'ai adressé la parole à G... qui va
trouver ce silence drôle. (Toujours ma

L'après-midi
des
trente mille
absences
Scintillation
d'absences

peur de l'inquiéter.) Il faut empêcher
qu'elle aille quérir un médecin.

. . .

Punctiforme. Espace à points. Temps
à points. La mescaline sera finie lorsque
le punctiforme aura passé.

. . .

La chienne vient encore de lever la
tête vers moi.

Singularité du silence. Une pause, comment trouver une pause dans tout mon
univers fourmillant qui n'en a pas une,
qui n'a pas l'oasis d'une seule seconde
entière?

Je parle trop, mais c'est pour tran-
quilliser G... visiblement inquiète (plus
tard elle me dira que j'avais le teint
cireux d'un mourant). Cela m'oblige à
m'absenter de mon état second. Ce qu'elle
appellerait mes moments de présence
(d'attention extérieure), c'est ce que moi
j'appellerais mes absences. C'est pourquoi je ne me souviens presque de rien,
parce que partagé, parce que les mo-
difications les plus délicates qui ne
m'eussent pas échappé dans le silence,
seulement attentif au phénomène proprement mescalinien, j'en étais distrait
par la manœuvre du langage, et l'élément social de la conversation, alors que
la mescaline est tout à fait extra-sociale.

*une pause
comment
trouver une
pause?*

59

5 h. 45. G... me laisse seul. Elle peut me laisser quelque temps seul. Qu'elle parte tranquille, encore une fois je m'en tire.

. . .

Pas encore fini, non, non.

Tout à l'heure G... était à côté de moi, je parlais, elle m'écoutait. Et pourtant elle ne savait rien de ce rotor formidable en moi qui accompagnait les vibrations contradictoires du blanc et de mes pensées.

Souvent je demandais l'heure. Ce qui lui paraissait le signe le plus grave de mon état était le meilleur, qui était ma hâte à devenir normal, mon avidité à gagner sur la drogue. Mais la présence de G. me donnait une sécurité relative. Si ça allait tout à fait mal, elle interviendrait. (?)

J'avance encore à la vitesse d'une centaine de moments à la minute

6 heures. Un mieux notable. Ralentissement relatif mais certain. J'avance encore à la vitesse de centaines de moments (conscients) à la minute.

Succession d'images encore impossible à noter. On voudrait en désigner une qu'on est déjà en retard de quinze ou de vingt.

. . .

J'ai plus souffert cette fois, parce que je ne voulais pas suivre le mouvement,

parce que je songeais sans cesse (et cela
à une vitesse exceptionnelle, à une vitesse
mescalinienne) à m'arracher aux mouvements mescaliniens.

La vitesse insupportable dont je
ne voulais pas dans les mouvements
d'images venait (ironie) se placer dans
mes refus d'y assister, dans mes oppo-
sitions, dans mes résistances, vainement
réitérées à l'infini, folles, mescaliniennes
en un mot.

.   .   .

Je suis un avide de santé, voilà ce
que je suis. Il me faut le voir en face.
Je ne dois plus me donner le change.

.   .   .

Ç'a été dur de revenir.

.   .   .

Des sortes de débuts d'images, j'en ai
eu beaucoup qui ne demandaient qu'à
devenir images, à être acceptées, recon-
nues comme images, mais je n'acceptais
pas. Je repoussais à mesure toutes ces
tentations de kermesse idiote. La lutte
contre les tentations me fatiguait autant
que la lutte contre la mescaline.

Dans l'expérience I il y a la peur que
la folie n'apparaisse comme dans la pré-
cédente [1]. C'était à prévoir. Dans la II,

*l'homme de
la première fois
braqué
contre
la répétition
comme si*

---

1. La IVe de *Misérable Miracle.*

*après une
surprise
on fabriquait
(contre une
surprise
identique)
des anticorps
mentaux*

dans celle-ci, cette peur existe, mais diminuée. J'y vois un mécanisme chez moi très fort, presque automatique, et d'ailleurs naturel en tout homme à des degrés divers, le mécanisme d'antirépétition. Non seulement je n'ai d'émotion que dans la surprise, non seulement je suis l'homme de la « première fois », mais je me braque mentalement contre la répétition. Je fabrique en quelque manière des anticorps mentaux, comme si même le plaisir, non excepté le plus grand, était subi comme une sorte d'agression, dont je m'arrange sourdement pour en être à l'abri la fois suivante. A plus forte raison, un déplaisir.

La sixième fois, « on » voulait encore m'entraîner, mais je décrochais, et si vite, et si spontanément qu'il fallait mon expérience de cette drogue pour y reconnaître ses effets coupés par moi à la racine.

La joie de la surprise, quand elle se produit, c'est que je suis alors sans anticorps mentaux, sans rien de préparé électivement contre, démuni. Émerveillé. Les seuls beaux moments de ma vie. Cette fois, je ressentais encore certes tous les frissons des ondes innombrables qui m'avaient tant frappé d'abord, mais autrement, mais en seconde ligne, et je

défaisais mystérieusement le « sentir »
de ce phénomène saugrenu qui ne m'était
plus suffisamment nouveau.

. . .

Dans la deuxième expérience plus vite
que dans la première, dans la troisième
plus vite que dans la seconde, dans la
cinquième plus vite que dans la qua-
trième, dans la sixième plus que dans
toutes les autres, je me hâte vers l'*après*.
Qu'est-ce que l'après? C'est une entre-
prise d'immobilisation de ce moteur qui
a été accéléré malignement. Elle commence, dès la fin de la séance de 8 heures
— et se fortifie les jours suivants. Elle
utilise une puissance frénatrice que je
ne me connaissais pas et qu'il faut bien
appeler maîtrise. (Ou serait-ce dégoût
des chevaux emballés?)

Deuxième série

Ce matin, état fiévreux. Un peu d'angine, de l'abattement et cette langueur qui fait qu'on colle au lit et qu'on n'imagine pas qu'on pourrait s'en arracher et à peine s'en soulever. N'est-ce pas sot d'aller à la mescaline, quand on est si peu prêt à la recevoir? Occasion d'apprendre si, comme le Peyotl, la mescaline guérit.

0,05 g

. . .

Le blanc du ciel à la fenêtre commence à devenir plus blanc, neigeusement blanc, blanc taraudant.

Ce pauvre jour de la fin de décembre, entrant par la fenêtre aux rideaux à demi tirés, tourne au blanc éblouissant.

Midi et demi. Je note pour moi-même : « Ne pas en reprendre avant quatre heures et en tout cas pas avant trois »,

Rien, rien
Je ne sens
toujours rien,

car la mescaline (et je me fais toujours prendre et viens d'en saisir à l'instant la raison et m'en glorifie aussitôt ridiculement) la mescaline donne d'abord — en avant-garde de l'agitation — de l'impatience. Celle-ci se place sur vos sentiments du moment, sur votre désir de sentir promptement les effets de la drogue, sur votre attente qui devient grande, qui devient électrique, qui devient béante, désespérée, et proprement insoutenable, cependant que les instants intérieurs ont déjà dû s'accélérer, se multiplier, passant d'un ou deux à la seconde, à probablement cinq ou six avant d'atteindre plus tard le vingtuple ou davantage. Ce fait, donc, de sentir excessivement qu'on ne sent encore rien est, je le constate, un signe mescalinien, le signe qu'elle a commencé son travail d'accélération et d'agacement.

désespérément rien

sentir excessivement qu'on ne sent encore rien est signe mescalinien

.   .   .

Nausée. Nausée moins soudaine que d'habitude, mais plus vraie, me semble-t-il, plus profonde.

.   .   .

Un nœud de syllabes se forme vivement, fortement : « *aristoklas* ». En un instant. Je vois les mots, les sens divers qui s'y sont noués. Remarquables, venant de si loin et si nombreux, mais à l'instant de les noter, déjà perdus, incroyablement dépassés et que je ne retrouverai jamais plus.

.   .   .

Je me lève et vais placer à portée de ma main le solucamphre, le sucrier plein et les comprimés de Nicobion.

.   .   .

L'attaque des blancs continue, de plus en plus vite, de plus en plus sans interruption, de plus en plus en pointes.

côté fenêtre
côté ennemi

Le côté de la fenêtre devient le côté de l'excès, le côté de l'ennemi, le côté de l'artillerie.

.   .   .

La nausée constante me met en position fausse. Je suce deux mandarines. Il me faut, aujourd'hui, mettre un allié du côté de mon foie.

12 h. 45.

Je sens des
mouvements
en écharpe

Je sens des mouvements en écharpe. Je les sens ou je les suis.

En parcourant vaguement un livre avant de le ranger, des mots au passage m'accrochent : « the blind sides ». Sans savoir, ni vouloir savoir à quoi ils se rapportent, « blind » s'est fixé, collé en moi, n'évoquant absolument rien (résistance à la comparaison, à l'évocation qu'on a souvent dans la mescaline ou avant qu'elle ne soit tout à fait ins-

tallée) mais que je sais malsain et capable de mal.

. . .

Attente.
Décidément chaque fois je commet-
trai la même erreur, qui est de m'attendre à des visions, alors que la mescaline fait avant elles et avant tout,
un océan de mouvements... et aussi un
océan d'apartés. C'est fou, ce que je
suis plein d'apartés : des consignes que je
me donne, des réflexions pour moi seul,
des encouragements que je me prodigue,
des projets pour l'avenir, des retours,
des réflexions en arrière, et énormément
de petites explications, et d'élucidations
de détail, que je me fournis incessamment. A chaque quart de minute, je
me communique un renseignement (ou
une conclusion) en aparté. A ne pas
écrire et pour ma gouverne. Comme ce
serait vrai, pensé-je alors, un théâtre
uniquement d'apartés. C'est le mien à
présent.

(Il ne me vient pas à l'esprit sur le
moment que dans la vie ordinaire je suis
peut-être ainsi « homme d'apartés » et
que leur vitesse accrue et un certain
renforcement est peut-être la seule différence.)

. . .

apartés
apartés
c'est fou ce que
je suis plein
d'apartés

nausée
pas ordinaire
jaunisse
pour demain?

Nausée.

Cette nausée m'est souci. Elle n'est pas ordinaire. Il ne fallait d'ailleurs pas être malin pour la prévoir, la mescaline attaquant le foie, et le mien étant en difficulté avant de commencer. Il faut l'aider. Je reprends des oranges. Plusieurs. Tout à l'heure, j'en consommerai un demi-panier. L'impression d'aller à une jaunisse me faisait constamment y plonger les mains.

. . .

Je suis de plus en plus arrosé et puis percé de blanc. Comme si des jets, venant de lances non à eau mais à lumière, et à lumière sous pression, étaient dirigés sur moi, pour faire pénétrer ce blanc jusqu'au fin fond de mon œil, de mon nerf optique, de mon cortex visuel, à travers mes draps, à travers le plaid étendu sur le lit et sur ma tête, à travers l'ouvre-boîtes, non, le pare-brise, non, le cache-sexe, non, le cale-pied, non le parapet, non, le tourne-disque, non, le bastingage, non, l'avant-propos, non, non, non (qu'est-ce qu'il a ce maudit mot à ne pas paraître et dont je semble avoir tout à fait oublié le chemin?), à travers le *cache-col* appliqué sur mes yeux, *cache-col*, oui, un simple cache-col, le voilà, enfin surgi, du buisson des mots pour rien. Il y a souvent dans la conversation des mots qu'on ne trouve pas, mais qu'on sent sur le bout de la langue. L'absence complète, sans indice de proximité si je puis dire, est ici si frappante qu'on croirait à un phénomène inouï, sans rapport avec aucun autre.

. . .

Dans la revue que je feuillette, les images des photos en couleurs pourtant vives sont tout à coup « calmées » et comme rétrogradées par une magnifique gerbe de bruit qui sort des pages que je viens de froisser par inadvertance et qui, bien supérieure en intensité dans la zone sonore aux images dans leur zone visuelle, remet à une modeste place les photos en couleurs jusque-là très fortes et même violentes.

. . .

[1] à nouveau volètement blanc, partout volètement blanc.

*volètement
blanc
partout
volètement
blanc*

. . .

Une autre fois, je ne resterai pas seul.

1. Importance du blanc dans des drogues différentes. « On leur fait prendre de l'Iboga, dit le Dr Schweitzer des noirs du Gabon (*Revue métaphysique*, 1951). S'ils perçoivent des oiseaux blancs, ils sont admis dans la confrérie, sinon ils sont rejetés. »
Il doit s'agir d'oiseaux en vol, différence énorme. Posés, la vision serait du style rêve, le seul sans doute que connaisse le narrateur.

Je m'arrangerai pour qu'il y ait quelqu'un.

. . .

Si après avoir jeté un regard à la
fenêtre, je tourne l'œil vers le mur qui
est dans l'ombre, il s'y projette alors
un grand carrelage blanc et gris-bleu qui
détonne dans la chambre sombre puis
disparaît aussi subitement qu'il était ap-
paru. Seule l'intensité extrême rend prodigieux ce phénomène par ailleurs connu,
et ordinaire.

. . .

Que d'océans
de lumière
de par
le monde

Lumière, lumière partout.
Que d'océans de lumière tremblent
inaperçus de par le monde.

. . .

Fatigue par la lumière!

. . .

L'incroyable, le désiré désespérément
depuis l'enfance, l'exclu apparemment
que je pensais que moi je ne verrais jamais, l'inouï, l'inaccessible, le trop beau,
le sublime interdit à moi, est arrivé.

Je vois
les milliers
de dieux

J'AI VU LES MILLIERS DE
DIEUX. J'ai reçu le cadeau émerveil-
lant. A moi sans foi (sans savoir la foi
que je pouvais avoir peut-être), ils sont

apparus. Ils étaient là, présents, plus présents que n'importe quoi que j'aie jamais regardé. Et c'était impossible et je le savais et pourtant. Pourtant ils étaient là, rangés par centaines les uns à côté des autres (mais des milliers à peine perceptibles suivaient et bien plus que des milliers, une infinité). Elles étaient là ces personnes calmes, nobles, suspendues en l'air par une lévitation qui paraissait naturelle, très légèrement mobiles ou plutôt animées sur place. Elles, ces personnes divines, et moi, seuls en présence.

Dans quelque chose comme de la reconnaissance, j'étais à elles.

Mais enfin, me dira-t-on, qu'est-ce que je croyais? Je réponds : Qu'avais-je à faire de croire, PUISQU'ILS ÉTAIENT LA ! Pourquoi serais-je entré en discussion alors que j'étais comblé? Ils ne se trouvaient pas à une grande hauteur, mais à la hauteur qu'il faut pour, tout en se laissant voir, garder les distances, pour être respectés par le témoin de leur gloire qui reconnaît leur supériorité sans comparaison. Ils étaient naturels, comme est naturel le soleil dans le ciel. Je ne bougeais pas. Je n'avais pas à m'incliner. Ils étaient suffisamment par-dessus moi. C'était réel et c'était comme

évidence

71

chose entendue entre nous, en vertu d'une entente préexistante. J'étais rempli d'eux. J'avais cessé d'être mal rempli. Tout était parfait. Il n'y avait plus ni à réfléchir, ni à soupeser, ni à critiquer. Il n'y avait plus à comparer. Mon horizontale était maintenant une verticale. J'existais en hauteur. Je n'avais pas vécu en vain.

Et pour ce qui est d'avoir un air étranger, n'était-il pas bien que pour se manifester à moi, ils apparussent en étrangers (symboles de leur infinie et incomblable différence), les seuls étrangers qu'en mes longs voyages j'avais vraiment désiré rencontrer?

idoles sur un rang unique immense, instantané

Pour qui voudrait des détails, voici : Ils apparurent d'abord en un seul rang immense et instantané. Ensuite il y eut des rangs multiples, toujours soulevés, ne tenant à rien et pourtant paraissant avoir un certain poids. Suivis d'autres infiniment nombreux, et je comprenais cette fois sans m'en fâcher comme d'un récit entaché de mégalomanie, l'histoire de l'apparition à Çakyamouni (enfin éclairé) des millions de dieux arrivant, l'entourant.

Pourquoi des millions, avais-je pensé toujours, mon enthousiasme tombant à ce nombre excessif, indice certain pen-

sai-je de la prétention hindoue? Et voilà
qu'à moi, et qui aujourd'hui vraiment
n'y songeais pas, ne m'attendais à rien,
ne croyais croire à rien, ils étaient venus,
également innombrables. (Pourquoi en
effet était-ce plus étonnant que d'être
venus un ou deux?)

Comme j'étais comblé, je ne cherchais
pas plus loin.

Pas de prière non plus, je ne voyais
rien à demander. Une soumission (?).

Oui, peut-être tout de même une soumission, reconnue depuis toujours, un
rapport vrai et qui n'avait cessé.

J'aurais été fou de me livrer à des
investigations, et ainsi de me détacher.
Cette fois j'adhérais. On me demande :
« Mais enfin était-ce une vision ou bien
une hallucination? Ou une apparition?

— C'est arrivé, c'est tout.

— Mais enfin pouviez-vous les voir
les yeux ouverts, au dehors, ou les yeux
fermés, en vous? »

C'est incroyable, moi si attentif jusque-
là, je ne peux répondre que ceci : « Je
ne me souviens pas. » La différence avec
tous les épisodes précédents était mon
total et heureux acquiescement. Je
n'avais pas d'attention pour autre chose.
Je me donnais autant que je voyais.
Dans ce *don* était ma joie. Dans cette

situation, ce rapport de eux à moi, du moins de moi à eux. (J'avais dû commencer par voir, je crois, les yeux fermés, en vision intérieure. Ensuite? Je ne sais... ils étaient là. — Traversant pour aller jusqu'à l'infini ma chambre ou ma tête, ce qui comptait, ce qui était permanent, ineffaçable, c'était leur *présence*, et de moi à eux un *lien* inouï, inouï... par son naturel.)

. . .

Inattention. La fatigue a dû me prendre. Ils ne sont plus. Ils ne me manquent pas encore. Leur présence reste comme un parfum et comme un coup reçu.

. . .

Je médite ou ressasse l'étonnant, l'étonnant événement qui a eu lieu.

Mais mescaline continue, mescaline inarrêtable.

. . .

Carrefour de difficultés de penser.

. . .

Niaiseries en pattes d'oie, pensées allant l'une d'un côté, l'autre d'un autre, me sollicitant à des intervalles si rapprochés qu'ils paraissent le faire presque au même instant.

. . .

. . .

. . .

Il est trois heures. J'ai dû prendre une petite dose de plus, il y a une demi-heure environ. De la sensibilité s'en va. Par ondes, il se fait des retraits de sensibilité. Des parties de moi deviennent comme des plaques neutres.

. . .

. . .

Le bruit de la flamme du feu de bois dans la cheminée prend quelque chose d'ample. Il a du panache. Non ce n'est pas en lui, mais dans les profondeurs. *Il y a* une ampleur. Il y a une grande ampleur. Il y a une ampleur à volutes. Il y a une extraordinaire ampleur, une ampleur dans les centres, une ampleur répétée, qui va jusqu'au plus loin de l'espace, une ampleur qui n'a jamais été connue. Il y a une formation d'une extraordinaire ampleur.

Noble, grandiose, impeccable, chaque instant se forme, s'achève, s'effondre, se refait en un nouvel instant qui se fait, qui se forme, qui s'accomplit, qui s'effondre et se refait en un nouvel instant qui se fait, qui se forme, qui s'achève et se ploie et se relie au suivant qui s'annonce, qui se fait, qui se forme, qui s'achève et s'exténue dans le suivant, qui naît, qui se dresse, qui succombe et au suivant se raccorde, qui vient, qui s'érige, mûrit et au suivant se joint... qui se forme et ainsi sans fin, sans ralentissement, sans épuisement, sans accident, d'une perfection éperdue, et monumentalement.

La bonté (oui!), la beauté, la plénitude de l'instant qui se fait, qui succombe, qui avec une perfection insensée en l'autre strictement pareil se refait sans qu'aucun élément, aucun incident, fasse l'un ou l'autre le moins du monde changer, invidé, inviolé, invariable, pur de toute effraction, de toute interférence, et moi dans la plus merveilleuse des contemplations, détaché (le « moi », où serait sa place?) remis dans la circulation générale, dans l'indicible joie d'une sorte de coopération au parfait achèvement de chacune de ces arches de perfection, hors de toute préoccupation, hors de tout examen, hors de toutes ténèbres...

Mais étaient-ce des instants, des sortes de déci-seconde, se raccordant, que je contemplais ainsi? Était-ce un autre élément, l'élément commun à tout l'univers, le lien, le raccord et la base infiniment simple, constante, unissant tout, qui accomplit la continuité universelle, élément actif, prolongement de la création en tout temps, en tout lieu.

J'assiste au secret des secrets, mais sans pouvoir le percer.

Je ne peux plus m'arrêter de suivre le mouvement à nul autre pareil et qui doit se retrouver partout, mathématique du secret du monde.

La grandeur, la souveraineté, a quelque chose d'immensément signifiant, comme si elle était l'expression de lois, de quantité de lois ou plutôt de la loi unique, qui est dans toutes les lois.

Moi, témoin émerveillé, ma vaine vie voyageuse s'engageait enfin sur la route miraculeuse. Mais cet « enfin » n'était pas du repos. Je n'avais aucun repos. Je ne pouvais un instant cesser d'être à nouveau comblé, dans la démesure, ou plutôt dans la parfaitement noble et magnifique et exorbitante démesure qui est la vraie mesure et capacité de l'homme, de l'homme insoupçonné.

Cela s'accomplissait royalement, pardessus toutes les envies que j'avais pu avoir avant, par-dessus mes projets de voir clair et mes dispositions précédentes de mettre des bâtons d'explications dans les roues qui roulent.

Mon bonheur était à l'extrême limite de ce que je pouvais supporter de bonheur. C'était une félicité d'ange.

Mais ne venait-elle pas de mon corps

paresseux, étendu, immobile, jouisseur et qui peut-être y aidait? Voire. Je le secouai donc, le remuai, le mis debout, le mis en marche, puis pinçai tant que je pus mes bras, mes jambes. Rien ne changea, ni si j'ouvrais les yeux quelque temps. J'étais renseigné certes sur le pincement, mais comme si le renseignement m'avait été transmis avec des paperasses, par un vague bureau subalterne et qui ne comprend rien, dans une atténuation voisine de l'anesthésie. J'étais hors des surprises du corps. Je savais encore des choses de mon corps, mais je ne l'occupais plus, ou si peu, et comptant pour si peu, dans ce grandiose présent, qu'extasié je voyais vivre avec une majesté pharaonique.

Étroitesse n'est plus.

Je colle à la divine perfection de la continuation de l'Être à travers le temps, continuation qui est tellement belle, belle à s'évanouir, si belle que, comme il est dit dans le *Mahabaratta*, les dieux jaloux viennent l'admirer.

C'est cela, cortège sans fin, uni au cortège sans fin de la nature que je sens là sans le voir, que je sens comme ces lois s'y appliquant, comme la loi d'évolution, comme les lois des gaz, les lois de la conservation de l'énergie, les lois de l'électro-chimie, comme les lois jusqu'ici trouvées, les lois encore à trouver, et à celles qui ne seront jamais tout à fait trouvées, tout ce cortège.   .   .

Que dire?

Tout cela dans une acclamation sans réserve, moi au comble de l'admiration, rentré au bercail, au bercail de l'universel, de l'infini, dans une félicité sans borne, sans mot, amiante d'un feu nouveau, dedans sans m'y consumer.

L'extase, c'est coopérer à la divine création du monde.

Bafouillement ce que je dis. Ce que je dis ne dit pas au millième ce que je dois dire. Les comparaisons ne viennent pas, la logique ne se présente pas, la civilisation de l'analyse et des cadres ne m'aide pas dans cette beauté abstraite sans fin, sans fin.

Tout divinement s'accomplit

Comment est-ce possible que cela m'arrive à moi?

Cependant une fois de plus me reprenant au moins un peu au torrent bienheureux, je me mets à l'épreuve, me mets à marcher, je quitte la chambre, mais l'extase ne me quitte pas, l'escalier roulant me roule avec lui, le majestueux traverse sans encombre la petite porte

de ma chambre ouvrant sur la pièce
voisine, l'impérissable ne périt pas par
une porte franchie et se poursuit imperturbablement, aussi net, évident, en-
chaîné, m'enchaînant, m'enchaînant à
sa perfection, que je suis comme un
chien son maître, (un peu en retard
peut-être, mais il ne me semble pas), en
joie d'être et de n'être plus et, dans
l'extrême de communiquer avec l'autrement incommunicable, au-delà des ridi-
cules de la vie commune. Dire que cependant j'ai pu me lever, m'approcher du
feu, l'alimenter d'une bûche... et rien
ne changeait! L'infini continuait. Est-ce
que la Vérité change si on se lève et si
on apporte une bûche et après l'avoir
posée?

Divine ordonnance du cosmos? C'était
cela, je suppose, que je voyais, qui ne
peut être stoppé par une arche brisée,
infini en voie de se faire, de se refaire,
de se continuer. Infinisation plus qu'infini.

Ce qui s'accomplit, ce que je vois
s'accomplir s'accomplit prodigieusement
bien, par des milliers de « prodigieusement bien » en arches admirablement
sans défauts.

J'avais beau savoir, au moins dans
une zone obscure de moi (il ne se pou-

vait pas que je l'eusse oublié) que tout
cela était consécutif à l'absorption de
mescaline, je ne pouvais retomber. C'était
impossible. Je ne pouvais mettre vraiment des bâtons dans les roues du divin.
Sinon, je l'eusse fait. Qu'on n'en doute
pas. Je suis assez gâcheur pour cela, mais
la pensée continuatrice avalait tout obstacle, toute intercurrence, et les loques
de mon corps justement oublié.

. . .

Moutonnement sans brisure, moutonnement éternellement répété sur lequel
une pensée contemplatrice, une pensée
sans concurrente se répète sans changer,
sans qu'on ait envie de changer dans un
réenchaînement enchanté.

. . .

L'écran des actualités, il n'y avait plus
ried dessus.

L'écran de l'histoire, il n'y avait plus
rien dessus.

L'écran du cadastre, des calculs, des
buts, il n'y avait plus rien dessus.

Libéré de toute haine, de toute ani-
mosité

de toute relation.

Au-dessus des résolutions et des irré-
solutions

au-delà des aspects

là où il n'y a ni deux, ni plusieurs

mais litanie, litanie de la Vérité
du *Ce* dont on ne peut donner le signe
au-delà de l'antipathie, du non, du
refus [1]
AU-DELA DE LA PRÉFÉRENCE
dans l'enchantement de la pureté absolue
là où l'impureté ne peut être ni conçue,
ni sentie, ni avoir de sens
j'entendais le poème admirable, le
poème grandiose
le poème interminable
le poème aux vers idéalement beaux
sans rimes, sans musique, sans mots
qui sans cesse scande l'Univers [2-3].

---

1. Religion est obéissance. Soumission. La fièvre, autre soumission, harmonie par abattement. Sans doute ma fièvre m'avait, sans que je le sache, disposé à ne pas regimber, à accepter l'illumination.

2. Ce qui arrive après la mort, on veut trop le concevoir en terme de substance. Il se peut que l'on soit après la mort dans un état (que le moi ne défend plus), où l'infini vibratoire du Cosmos vous traverse et où cela UNIQUEMENT est perceptible et comme nous-même indifférenciable. L'infinisation momentanée de l'extase deviendrait dans la mort l'infinisation définitive. La Mort serait l'extase. On y serait infiniverti et sans autre possibilité.

3. La grande extase mystique s'accompagne habituellement d'une insensibilité totale, l'une, condition de l'autre.
Ici l'insensibilité est notable, frappante mais non totale, et l'extase demeure à un certain degré seulement.
Sur le moment je n'aurais pu toutefois concevoir summum au-delà de ce summum.

EXPÉRIENCE IV

Deuxième série

En vision intérieure, j'observe des étirements monstrueux (de lignes, de figures, de formes), tellement « pathologiques » (?) que j'en viens à me demander si je ne serais pas plus dérangé que je ne le pensais.

Dose très faible peut-être 0,03 g

. . .

Des yeux bridés, pincés, presque oblitérés, des bouches minces, larges, fines lattes molles, tremblotant légèrement, dans lesquelles, par manque d'imagination et de « savoir concevoir », je vois des bouches, de fausses, impossibles bouches à l'infime balbutiement.

L'intensité des visions toutefois est faible et je les abandonne pour parcourir un album de reproductions de sculptures hindoues, africaines, grecques.

Je ne les sens plus. Inutilement j'y

Les corps m'échappent,

les sculptures
m'échappent,
le lisse
m'échappe
l'hémisphé-
rique
m'échappe

reviens. Je ne suis plus en état de les sentir, car elles sont lisses. Les formes lisses, douces, galbées, incurvées légèrement ou hémisphériques m'échappent, me sont soustraites, sont dans l'infra.

Après absorption de mescaline, on ne peut plus apprécier, retenir, imaginer, que le heurté, le morcelé, le grumeleux, le granulé, le fissuré, en trois mots, le relief multiple et irrégulier.

Le lisse est
passé dans
l'infra

Un sein devient impossible à imaginer. Si je m'obstine, il en viendra deux cents, minuscules, faisant comme une râpe. Fait déjà remarqué dans le Haschisch [1] à faible dose.

La raison? Je vais la trouver tout à l'heure, mais, pour le moment, agacé, je me mets à profiter de ce que la dose de mescaline est faible, et faible son atteinte, et encore assez forte ma volonté pour essayer d'imposer des images au film désordonné de mes visions intérieures.

Après son
apparition
l'image cesse
aussitôt nulle,
faisant défaut

Je forme donc une [2] image, une fois, deux fois, trois fois... Elle prend ou ne prend pas. En aucun cas elle ne se maintient. Si elle se déforme, c'est qu'*on* la garde (« *on* » : la partie spontanément

1. *Misérable Miracle*, p. 69.
2. Ou plutôt deux, trois, quatre, car on ne sait pas celle qui a une chance d'être acceptée.

imaginante de mon esprit en proie à la mescaline et sur laquelle je n'ai plus aucun pouvoir). Sinon l'image disparaît, avec une soudaineté inhabituelle, et je dois essayer de la refaire ou d'en faire une autre, laquelle aboutira à un prompt néant ou à une série de transformations, malaxage toujours surprenant, fait de mécanisation et d'une sorte de folle rhétorique.

image éidétique exceptionnellement brève

Donc, moi, volonté de moi, je propose avec application (difficile en cet état d'ébriété) et *on* fait les triturations (c'est-à-dire accepte et transforme) ou laisse s'éteindre, sans s'en occuper.

Étrange duo!

D'une série d'images proposées, ce sont les moins intéressantes qui seront retenues, tandis que les images d'abord refusées et seulement à la longue grâce à mon obstination acceptées, seront bientôt modifiées dans un sens qui est précisément celui du genre des images acceptées d'emblée (et qu' « on » préfère) plutôt que d'autres qui moi m'intéresseraient bien davantage et auxquelles il me plaît de revenir, n'acceptant pas d'être celui dont les volontés ne comptent pas. Cela devient un pari que je veux gagner.

images modifiées dans le sens mécanique, structural, architectural

Je veux voir des corps nus. Obsession? Oui et non. C'est en proposant une série

Le nu ne prend pas,

ne répond pas
ou je ne lui
réponds pas,
devenu
réfractaire
au nu

d'images de toutes sortes que j'ai constaté que le corps ne prenait pas, qu'il résistait plus que n'importe quoi d'autre et que si enfin il passait la frontière, il était méconnaissable. (Corps bosselés, gaufrés, criblés.)

Je fais de nouveaux efforts. Vains. Les corps se défendent d'exister. Plus je veux évoquer une femme belle, harmonieuse, plus elle est hors d'atteinte, incréable.

Pour me relancer, en quelque sorte, par la vue du réel, je vais prendre un recueil américain des meilleures photographies de l'année et m'arrête aux nus (de différents âges et races). Inutile. Ils ne prennent pas. C'est vraiment déconcertant. Je me sens devenu infirme.

Les corps nus m'échappent, ceux des bébés, des hommes, et plus que tous les autres, ceux des femmes. (C'est que le corps de la femme noie davantage sa structure.)

appauvrisse-
ment de la
perception

Dépossession. Vous ne pouvez plus le retenir, le sentir, vous le représenter. Il vous est soustrait d'une soustraction agaçante, dont vous n'arrivez pas à prendre votre parti, sourd au milieu d'un joyeux babil. Ce sont ici les formes qui ne parlent plus... pour vous. Leur fête a cessé. Vous êtes dans l'anti-tentation des corps.

devenu infirme
calleux au nu

Le sentiment qui accompagne normalement la vue d'un corps, le sentiment complexe de son contour, du toucher, du modelé (si peu que ce soit imaginé), la représentation qu'on se fait de la sensation de l'autre à l'intérieur de sa poitrine, de ses épaules, de ses jambes, qui fait qu'on croit sentir ce corps-là, pendant qu'on continue à sentir le sien pardessous, cette heureuse conscience n'est plus.

Dans l'ivresse mescalinienne, on ne sent plus le corps de l'autre. C'est qu'on a (sans le savoir même) perdu exagérément la conscience du sien, de sa propre situation dans son corps (ce qu'on ne perd jamais dans la vie normale quoiqu'on le pense parfois).

Car on ne prend conscience du corps des autres qu'à la condition de garder la conscience du sien et dans la mesure où on la garde. Parallèlement, la vue du corps de l'autre augmente normalement la conscience réjouissante de son propre corps. Ce serait l'impossibilité de revenir à mon corps qui serait la cause de l'incroyable agacement et sentiment de privation que j'ai lorsque je considère le corps des autres.

Perdu le corps des autres parce qu'on a perdu le sien

Un oiseau femelle jusque-là inerte et indifférent, s'animera à la vue d'un oi-

seau de même race, ovulera et pondra.
A simplement se voir dans un miroir,
même résultat. (Sans témoins, différente
est la conscience que l'on a de son corps.)

Cette insensibilité complexe ferait
qu'on ne peut plus sentir le lisse et
les courbes douces et harmonieuses (encore moins en jouir), mais seulement le
heurté, le craquelé, le cisaillé, le grainé,
le rugueux, qui réveilleraient en quelque
façon le toucher presque disparu et la
conscience du corps presque endormie et
insensible
aux surfaces,
sensible
aux structures
ferait — seconde conséquence — qu'insensible aux surfaces, on devient sensible et intelligent aux structures, ossatures, architectures (quel drogué n'a eu
architectures
préférées
aux volumes
en vision ses palais de Kubla Khan?),
aux modèles (de cristaux notamment),
aux plans et montages, plus encore pour
s'en saouler l'esprit que pour les comprendre.

En ce sens la mescaline intellectualise,
conceptualise.

Finies les joies de la morphologie.
Comptent seulement les agencements.

Serait-ce trop d'attribuer analogiquement à cette préoccupation, à ce sens
nouveau des structures, le goût non
moins nouveau en moi (dans mes livres
sur la mescaline) des explications, id est
des mécanismes?

HUIT   EXPÉRIENCES

. . .

. . .

Je sors et remarque, agacé, les monuments et les immeubles, qui dissimulent
leurs structures, grâce à des trucs pour
faire façade et harmonie facile, et qui
avec des ornements, du badigeon, des
éléments de remplissage, masquent le
plan et la construction de l'édifice, la
façon dont il tient, s'arc-boute, pèse,
s'appuie. Impossible d'en avoir une vue
saine, intelligente. Pour la première fois,
j'en suis presque exaspéré.

indifférences
aux façades

appétit
et sens des
mécanismes

. . .

Marche, fatigue... et l'expérience s'a-
chève dans la dispersion.

EXPÉRIENCE V

Deuxième série

Afin de m'engager dans la direction la plus élevée, je commence à lire des poèmes religieux hindous et je reprends *La vie de Bouddha*, délaissée, voici quelques semaines, parce qu'elle m'avait déçu.

Cette fois, enthousiasme immédiat, sans réserve, qui m'emporte, me soulève sans que je me rende compte aussitôt à quel point.

tendance à personnaliser la mescaline

Approchant machinalement les doigts de mon visage, je sens avec émotion l'odeur sui generis de la mescaline, qui m'apprend qu'elle et moi sommes ensemble à la lecture et dans l'émerveillement de cette vie admirable.

L'oubliant vite pour plus important, je m'occupe à prendre des résolutions, convaincu parfaitement cette fois de ce

qui compte réellement dans la vie. Assez
des bagatelles de l'art. Il me faut changer, dès demain, entrer dans la voie de
la libération, la voie sainte. Dans ces
pensées, je reste quelque temps absorbé,
pour reprendre ensuite ma lecture. Dès
les premières lignes, l'exaltation fait un
bond presque tangible, comme si je me
trouvais dans une voiture qui vient de
recevoir un coup d'accélérateur.

. . .

Alors que je suis au plus haut de
l'enthousiasme, au plus tendu... quoi?
Qu'est-ce qui arrive? Qu'est-ce donc qui
se passe?

Est-ce dû aux images du Panthéon hin-
dou, dont je m'étais entouré, où figurent
avec les dieux des déesses qu'ils n'ont
pas oublié de sculpter voluptueuses, bien
roulées, destinées à l'amour?

Est-ce le fait d'avoir appris récemment dans la thèse du Dr Wilhelm[1] que
des folles avaient réagi à la mescaline
par des paroles et des attitudes obs-
cènes, me démontrant de la sorte que
la drogue froide et métaphysique sait
aussi exalter l'érotisme et qu'on peut
donc s'attendre à son apparition un jour

*Le virage,
le diabolique
virage*

*infernal rodéo :
je passe
en pleine
vitesse d'une
monture à une
d'un tout autre
genre mais
également à
toute allure*

---

1. Dr WILHELM, *L'intérêt de l'épreuve mescalinique dans
les maladies mentales.* Strasbourg, 1955.

seul, le ralentissement est impossible

ou l'autre, réflexions qui ont pu subconsciemment m'y préparer?

Ou bien ces attitudes affectives, l'érotique et la mystique, seraient-elles vraiment si voisines?

... Tout à coup, mon enthousiasme d'ailleurs ne cessant pas, tout au contraire augmentant toujours, mais ayant mué subitement, je vois (en vision intérieure) . . .

Je vois l'Innommable

. . .

Ah! tout ce qui peut en un instant se montrer, se cacher, s'offrir!

Immense immonde, partout ondulant, déferlant, prenant tout l'horizon et l'horizon de mon âme et de ses désirs.

Immense immonde

J'en suis suffoqué, éberlué. Je n'ai pas encore compris ce qui m'arrivait, je veux croire que peut-être ces vues, invraisemblablement licencieuses, mais d'une licence à l'échelle mescalinienne, c'est-à-dire infinie, n'auront pas de suite.

Est-ce que vraiment je crois ça? Et je suis là à me demander si je vais ou non regarder encore une minute l'inouï spectacle.

Je n'ai donc pas encore compris? Quoi? Que ce n'est pas tant la vision qui compte, mais la transe venue en traître et qui me soulève et qui augmente, augmente, augmente et me pousse et

transe augmente transe érotique

me précipite en jouissance, dans une
jouissance non physique, non locale, mais
intérieure, essentielle, centrale en moi,
et m'y entraîne, m'y engeôle, m'y saoule,
m'y renverse, m'y corrompt, m'y dissout, dans une délectation exaltée, sans
frein, sans contrepoids, sans critique,
sans possibilité aucune, concupiscence
omnidévorante et symphonique dont les
panoramas impudiques ne sont pourtant que la corroboration et l'illustration du multiple, inouï et cérébral orgasme incessant qui me tient.

Le monde entier paraît ressentir un
plaisir extraordinaire. Les yeux se
noient, les membres se noient, les êtres
se noient. De grandes coulées de corps
passent, se pressent, s'étreignent, s'entre-
chevauchent ou dérivent, torses accolés,
perdus comme moi dans le schisme de la
jouissance.

Dans des enjambements géants, des
lianes comme sur terre on n'en voit nulle
part s'emmêlent, s'étirent, joies et gé-
missements faits lianes. La terre et les
eaux et les monts, les arbres, font
débauche dans les torsions et les lasci-
vités. Tout est façonné par délices, pour
délices, mais délices surhumaines, allant
de l'exaltation la plus impétueuse à la
demi-mort où le plaisir cependant s'in-

*catapulté
dans l'érotique*

*fluides
fourrageaient
en moi
froissé
jusqu'à l'âme*

*orgasme
métaphysique*

*brisements
jouissances
précipitielles
en avalanche*

*cataclysme
de délectations*

filtre et froisse encore. Dans un cataclysme de délectation, l'animale humanité se convulse, accordée par les spasmes au désordre extatique de mon esprit.

Par moments je rouvre les yeux, sidérés je suppose, comme moi-même, pour poser mes regards sur les objets neutres de ma chambre, capables en d'autres temps d'agir comme obstacles à l'emportement dissolu, comme retardateurs du flot infect partout déferlant.

Mais je n'ai plus confiance en eux, ni en la neutralité de quoi que ce soit au monde. C'est ce qui vient de m'être montré et va l'être encore plus abondamment dans une véritable illumination érotique, c'est que rien n'est innocent, que rien n'est neutre, pas un être, pas une chose.

l'illumination érotique

extase démoniaque

C'est ce qui m'est trompeté sans arrêt et dont je prends conscience à la lumière d'une évidence fulgurante, les voyant pour ce qu'ils sont ici, l'universelle fornication, ou préparation à la fornication, ou symboles de fornication.

Dans une sorte de démonstration luciférienne, les formes les plus banales, les plus quelconques proclament par une série de vues en rappel leur appartenance à l'unique et impure réalité.

Il y a quelque chose d'unique à voir

perverti, mentalement perverti les choses
innocentes jusque-là, une tige d'où pend
une fleur, cette fleur même, auparavant
effacée, le fruit qu'elle donne, la groseille, *objets*
une grappe de groseilles (son rouge si *corrompus*
parlant, cette sphéricité qui ne trompe *portant*
pas) et ce nom gonflé de sensualité *messages de*
comme d'eau savonneuse une éponge *corruption*
dans un bain tiède.

L'envahissement des grappes de gro- *grappes*
seilles que je vois, en tas et en guirlandes, *libidineuses*
m'enivre et m'avilit, groseilles dont je
sais et saurai pour toujours à quoi en
nous elles répondent et quelle est la
nature du plaisir qu'on trouve à les évoquer, et dans leur nom même, et la
fille la plus chaste le plaisir qu'elle y
trouve, gouffre en moi que ces groseilles,
plus excitantes, éloquentes, persuasives,
pervertissantes que les scènes les plus
osées et les plus lubriques, gouffre, car
je mesure à leur fascination érotique
jusqu'où je me trouve plongé dans le
vice et l'ignoble, puisque des objets pareils s'en trouvent à ce point contami-
nés, devenus pour moi plus érogènes
que le plus beau sein du monde ou une
caresse secrète dans les ténèbres. Beaucoup plus que des scènes libidineuses,
la piraterie objectale qui augmente me
fascine, me confond, poème des grouil-

lements, des larves, des inondations, des
exubérances tropicales, indéfini comme
la mer, exaltant mais bien davantage et,
comme elle, ne connaissant pas de limites,
ni d'apaisement durable, immense respiration orgiaque.

Ce que j'ai pu voir en cet après-midi
remplirait des hommes de jouissance
pour toute une vie. Je sais maintenant
ce qu'est la tentation diabolique et qu'il
n'y a pas de nageur qui remonte ce
courant.

*éros de
dislocation
de broiement
de
foudroiement*

Son immensité, sa rapidité, sa répétition affolante, ses courants secrets, ses
dévastations dans l'universel ne se com-
parent à rien.

Séduit, tout succombe, et sombre,
entraîné dans un éros sans fin, semblable à une dislocation et à un tremble-

*dénouement
du vouloir*

ment de terre. Des lignes mêmes, les plus
uniquement linéaires, presque abstraites
d'abord, et sans relation avec le corps
humain deviennent des lignes saoules,
prises d'ondulations ignobles, qu'on ne
sait à qui, à quoi relier, mais ignobles
quand même, et je ne puis les suivre
sans éprouver au maximum la turpitude
mienne, mêlé que je suis à des allongements, des déhanchements veules et
comme saxophonés, proclamant promiscuité, promiscuité, promiscuité univer-

selle dont il n'est pas possible de se désolidariser, de se désaccoupler, dans une impureté totale.

*impossible
to swim away*

Je suis en pleine contemplation. Je suis en pleine imprégnation. Mais pas de sadisme. Sade au passage d'une association d'idées me fit rire, lui et tout le mal qu'il se donne, très réglé et méthodique et fonctionnaire. Ici pas de cruauté, vraiment pas nécessaire, c'est la foi dans l'impureté générale, universelle, *uniquement sensuelle*, sans dominé ni dominateur, sans souffrant ni aimant souffrir, sensualité sans mélange et universellement débordante.

L'absolu *impur*, ou plutôt *anti-pur* descend toujours plus dans la joie de l'impudeur.

*impudeur
métaphysique*

Ce pouvoir qui débauche la plante, le sol, la terre, toute chose, dans ce spectacle trouble mais surtout excessif, excessif, n'a de vue qu'érotique, d'occupation qu'érotique, avec absolument pas de place pour autre chose, pour la moindre distraction, la moindre diversion, et aurait été (et pas seulement pour un chrétien) la tentation 100 %, la tentation parfaite, imparable, faisant d'ailleurs plus de tort à l'amour que sa négation la plus puritaine.

*la plante est
débauchée*

Énorme exhibition profanatrice. Des

bourgeons (végétaux ou membres d'animaux, on ne sait et c'est tout pareil)
répondent avec exubérance au monstrueux appel de jouissance sous-jacent
en soi où le monde entier doit participer,
où toutes les images mentales sont ra-
colées pour appuyer cette prodigieuse
rhétorique du rut.

Nénuphars, roses, colonnes antiques,
formes de morulas démesurément gros-
sies, coupoles ottomanes, nefs, voûtes,
vaisseaux, minarets, vasques, piliers,
une multitude de formes de tout genre,
parlent enfin clairement et non plus à la
dérobée. Les perversités sortent en clair
des monuments, des ornements où l'on
se demande comment on avait fait pour
ne pas les voir, ne pas les reconnaître,
chargés comme ils sont.

En même temps des rythmes grotes-
ques, entraînants et glissants, engagés
eux aussi, eux surtout, dans la sexo-
folie, ridiculisent l'éros facile, le rem-
plaçant par des embardées à plusieurs
temps, à plusieurs degrés et à dédouble-
ments successifs, véritable dépravation
rythmique qui correspondrait (tout est
lié) à ce que seraient de grands emport-
tements et embrassements incestueux,
dans des montagnes russes, dans une
ville bombardée, pendant que des in-

*d'une
dépravation
dans une
dépravation
plus dilatée*

sectes vous chatouilleraient les pieds, et qu'une chorale chantant les liturgies de la présence divine de Messiaen s'étalerait dans la boue, en s'esclaffant lourdement. Telle est cette polyrythmie perturbatrice, comme traversée de torrents de mauvais rires.

Bondé de délectable et de sensuel, oubliée l'appartenance humaine et ses organes spécialisés, on est un être simple dans un éden bestial. Sorte de retour à un état archaïque, voilà ce qu'on vit, état que connaissent (s'ils en ont conscience) les unicellulaires, lorsque la cellule trop nourrie, turgescente, bondée d'elle-même, crève en deux, n'en pouvant plus, se dédouble et se dépoitraille pour le dégagement de la moitié de sa masse trop chargée, devenue insupportable. Ainsi il me semblait me débonder sans cesse dans une délivrance inouïe.

Je ne suis plus gêné, ni honteux. Ce qui me frappe simultanément (et comme en dérapage) à tous les centres du plaisir est donc arrivé à ses fins, à son apogée, à sa réussite démoniaque, qui est la *dissolution de tout maintien*, de tout vouloir (dissolus : mot si juste que je comprends en un éclair) dans un incessant broiement infligé à une vitesse surhumaine qui lessive toute résis-

Dissolution de toute volonté, de toute réserve, de toute sérénité

tance. Le mouvement accéléré fait l'intérieur de mon être crouler dans un néant content, pour se dilater l'instant d'après, et s'écrouler à nouveau, et puis se regonfler et venir crouler encore, et de nouveau s'ériger, encore, dans une assomption impure. Rythme impossible ailleurs. Dissolution! Dissolution à toute vitesse! Voilà où j'en suis dans cette transe d'où je ne sors pas, exultation par désorganisation générale. La tentation de saint Antoine, je le sais maintenant, c'est la tentation de la dissolution de la volonté et du maintien. Dans une femellisation du monde le pécheur s'engloutit content. *Jouissance de la déliquescence.*

Épuisé par l'ascétisme, il a dû avoir des visions pareilles, avec cette vitesse de bousculade et de désorganisation, de grouillement, si inattendue, si surhumaine (ou infra-humaine) qu'on ne sait comment lutter, qu'on ne sait même plus du tout ce qu'il faut faire.

L'opération démoniaque, aucun homme ne peut lui tenir tête. Nombre de mystiques l'ont dit : « Aucun homme ne peut lui résister. Seule la grâce de Dieu y arrive. »

Tentation du cerveau-sexe. Exaltation, comme si un cerveau secondaire, libéré du principal et devenu tout-puis-

Le raz de marée dans les nerfs

jouissance de la déliquescence

sant fonctionnait seul, coupé de l'autre et ne fonctionnant qu'à propos d'érotique, sur de l'érotique, avec des raisonnements, des associations, des enchaînements, du style, *uniquement* érotiques, mais qui, quand même correspondrait (bizarrement) à un monde réel, monde uniquement érotique, gorgé, bondé, composé d'érotique, qui défile alors et s'étale sous le regard pervers prodigieusement clairvoyant et mal jugeant.

Le diable existe donc? L'opération diabolique existe, absolument plus à l'échelle humaine, qui avec une vitesse de chute et s'accompagnant du déferlement en l'âme de milliers de spasmes dissocie frénétiquement la « virtus » du vertueux jusque-là et opère l'avilissement en l'homme de toute noblesse.

Il pollue l'ange en l'homme. État absolument hors de l'ordinaire que seuls les mystiques, ces drogués du jeûne, des veilles, des oraisons prolongées, épuisantes (mais clairvoyants par là) et quelques fous, ont connu d'expérience, ni les uns ni les autres n'en ayant parlé de façon complète, les premiers par discrétion et peur de faire le mal en attirant à cela dont il faut se détourner, et les autres par insuffisance d'attention

par le déferlement de milliers de spasmes

l'avilissement de la condition humaine

la pollution psychique

et de don verbal. Stanislas de Guaïta [1] au milieu de radoteurs en démonologie semble avoir connu cet état : « Quel spasme formidable, écrit-il, vous étreint, vous énerve, vous accable! Quelle pollution psychique infligée à l'universelle nature vous fait communiquer avec délices à la dégradation des êtres et des choses! »

Avec raison, le marais, la vase, les détritus coulants sont les images de cet état, où l'on est en effet englué et à la dérive. Péché (oui) envers soi, envers son personnage, envers sa noblesse, envers l'idée qu'on veut garder de soi... et (pour un homme qui a de la religion) envers Dieu.

pourrie la volonté

Le démon séducteur a pris la place, car on est séduit à se laisser aller, à l'indéfini laisser-aller, à l'infini abandon. Séduction de la dissolution. Péché : l'agrément donné à la dissolution.

séduction de la dissolution

déferlement dans les nerfs

Mais je n'ai pas assez dit l'importance omniprésente et sous-jacente des rythmes. Par-dessous ou par-dessus ceux que j'ai dits, il s'en trouvera toujours un qui dérythmiquement, plus en lézarde, plus liquidateur des credos, plus pourrisseur des vertus, dérangera, dévastera, décomposera avec une diabolique déme-

1. *Le règne de Satan.*

sure, raillerie et ridiculisation, la relative
tenue qu'on aurait pu trouver dans le
vice, pour vous faire vous effondrer
plus bas, plus bas, plus blasphématoire-
ment bas. Polyraillerie. Polyrythmie. Po-
lydévastation : tel est le style mescalinien et le style démoniaque.

Lorsque le spectacle de l'érotisme des
corps humains n'a plus la vedette, lorsque
à son tour le spectacle de l'animal et du
végétal possédé disparaît, après enfin
que les monumentales et les géologiques
monstruosités ont cessé leurs gigan-
tesques divagations, quand on ne sait
plus ce qu'on voit, dans l'extrême confusion de toute forme frappée (et happée)
de mouvements alternatifs, voleurs, inat-
tendus, semblables à des rires énormes
interrompus soudain, alors on perd définitivement pied, on sait qu'on coule en
zigzag vers une impudicité essentielle,
par arrachement indéfini, d'une impudeur à une impudeur plus grande, folle
de plus d'impureté, où l'une se dissout
dans une encore plus grande, plus au-
delà, plus déniaisante, indéfiniment.

Même dans l'abject, mescaline, jamais
oublieuse d'infini.

Je me lève. Je n'en veux plus. J'ai
touché le fond, dont Dieu sait dans quel

état je reviendrai, si jamais j'en reviens.

Je ne veux plus rien voir, ni rien en savoir. Il faut sortir de l'orbite infernale.

Je sors de l'orbite infernale

D'ailleurs, j'en ai appris suffisamment. Basta! Même le diable, ma curiosité satisfaite, ne pourrait me retenir longtemps.

. . .

Voilà. Me suis rappelé à moi. C'est fait. Réussi!

. . .

Attention. Quelque chose augmente encore.

pas remis

Bouillonnement pas encore dépassé.

Tout à l'heure, pour la première fois de ma vie, j'ai été complètement, frénétiquement, démoniaquement de l'autre côté (du côté perversité). Que sera cette deuxième fois?

que se prépare-t-il?

Le jour de l'expérience de la folie [1], j'avais d'incessantes envies de tuer, détruire, brûler, couper, auxquelles je résistais instantanément, qui revenaient aussitôt après, auxquelles je résistais, qui revenaient, auxquelles je résistais, etc... etc... Tout à l'heure dans une sorte d'extase, dans des *transports* érotiques, je contemplais et *je me laissais soulever*, avec nulle ou presque nulle résistance.

1. *Misérable Miracle*, chap. v.

Voilà la différence. On ne se *retire pas*
de l'extase. Et maintenant, que faire?
Je sens que je ne reculerai devant rien.
C'est tout. Pas plus détaillé. Pas bon,
ça, mais d'où va venir le danger?

J'essaie de faire le vide, le parfait
vide en moi et de le maintenir.

Je surveille mes pensées de peur de
mêler quelque personne que je respecte
à cette indignité qui se prépare.

Pour me distraire, m'étant souvenu
que l'odorat parfois étant affecté anormalement, les parfums paraissent différents de ce qu'ils sont d'habitude, je
prends et j'ouvre un flacon de parfum
rapporté d'Orient.

Coup de théâtre!

De la fiole évadé le lourd parfum syriaque entra. Blasphématoire, énorme,
imparable, tel un rire gras et rebondis-
sant dans la nef recueillie d'une cathédrale gothique, il entra, balayant mon
être (mon style d'être) et je le laissais
passer en moi, par-dessus moi, je m'en
entourais, je m'y engluais, je m'y perver-
tissais. Infâme encharnellement.

Comme en écho à ce parfum, un de ces
échos croisés que réalise si bien la drogue,
d'une façon à elle, une voix grave de
femme se fait alors entendre à quelque
distance. Mon Dieu, pourvu qu'elle reste

le lourd
parfum
syriaque entra

dépravation
par l'odeur

à cette distance, mais naturellement, le
fait est déjà balayé. Elle aussitôt vers
moi, comme une sauvagesse au maximum de lubricité et ce bruit qu'elle fait
de la langue et son souffle chuchotant
dans sa bouche rêveuse, bruit familier
qui affouille ma résistance. Il faut pourtant, il faut, il faut résister. Il ne peut
rien y avoir entre nous. Pendant que je
me ressaïsis ou le tente, elle se dévêt,
comme si ça allait de soi, de sa robe, de
l'éducation, de la politesse, de la réserve,
des conventions sociales, de notre amitié distante, l'en voilà sortie en un tour-
nemain comme d'une seule chemise.

Et le rire! Ce rire! A-t-elle jamais osé
rire comme cela, montrer, émettre un
rire pareil.

Profanation! Je n'ai pas voulu cela.

Nous ne sommes pas femme devant
homme et homme devant femme mais
quelque chose d'archisimplifié, quelque
chose comme des masses affectées d'élec-
tricité contraire, comme des fluides qui
doivent, en vertu d'une loi physique, se
joindre et se confondre. L'impudicité du
démon en elle, la bourrasque qui, en un
instant a rejeté tout ce qui était elle
auparavant, la vieille foi à laquelle elle
était attachée et tout, est inouïe et,
quoique je ne fasse pas un mouvement,

il est certain que je suis complice.

Le nihilisme de cette impudeur, l'infernale contagion qu'elle vient de subir et qui semble l'avoir pourrie en un instant, la rendrait méconnaissable à tous ceux qui le mieux la connaissent, et paraît comme rétrospectivement maculer même jusqu'à son enfance, jusqu'à la première communiante qu'elle a été, en ce jour de transfiguration de sa vie. — Eh bien elle l'avait maintenant la transfiguration de sa vie! L'arrache-Dieu avait fonctionné. Notre secrète connivence par le bas agissait, nous tenant comme dans un tonneau. Il ne faut pas!

Non, non
il ne faut pas
il ne faut pas
il ne faut pas

On me dira : « De toute façon, ce n'eût été que de la pensée. » Mais de la pensée à ce point d'intensité, c'est cent fois plus réel que la réalité. C'en est l'essence et le pouvoir devenu à jamais inoubliable, « consacré ».

Il ne faut pas. Rapidement, je vais à la fenêtre, l'ouvre en grand et, à la fois, la clarté à mes yeux déshabitués de la lumière et hypersensibles, et l'air vif où je vais prendre froid, me font mal et dissipent la vision et presque la présence. J'ai réussi.

Je reviens et m'étends, fatigué. Ces coups de frein sont plus fatigants que tout. Quelque chose traîne encore en moi, mais indéterminé. Suis désorienté. J'ai fait qu'elle ne soit plus et j'ai tout l'air de vaguement le regretter, comme de n'avoir pas été jusqu'au bout. Lâche ou pas lâche? De quel côté est la lâcheté, en m'arrêtant ou si j'avais poursuivi?

. . .

J'ai interrompu un processus

Loin d'être redevenu calme et passif, je me mets à jouer. Tiens, c'est la première fois que ça m'arrive et c'est un

Il faut toujours payer ça

drôle de jeu que j'invente. Un jeu de fou qui me passe par la tête, je ne sais comment, je joue à lancer (mentalement et en vision intérieure) ma main au loin,

je joue à lancer ma main au loin, de plus en plus loin

le plus loin possible, de plus en plus loin, phénoménalement loin... si loin que voilà que je l'ai perdue. Idiot! Il faut la retrouver. Aller retrouver une main dans l'espace! Je ne la vois plus. La reverrai-je jamais? J'ai peur. Comme l'érotisme chasse la peur et qu'à présent j'en connais le chemin, je me demande si je le fais revenir. Comme j'hésite, à demi gagné je retrouve la main. Ouf! Soyons prudent. Tenons-nous cois.

Ne plus jouer sous l'action de la mescaline. Jamais plus. Toujours démesurée, allant à toute vitesse au-delà, au-delà, au-delà, pas une compagnie pour un homme.

Essayons le dessin.

Dessin au crayon rouge.

Le fait de dessiner augmente extrêmement ma présence dans ma main et
dans mon visage, parce que j'ai l'habitude de réfléchir à la figure des autres
plus qu'à leurs corps.

*le dessin
provoque en
moi un retour
à la main
et au visage*

Mon visage, depuis des heures oublié
et perdu, c'est comme si maintenant je
me frayais un passage vers lui, comme
si je me présentais derrière lui.

Coup de volant qui, de l'univers et
des aventures, me ramène dans mon
visage.

Je fais visage, comme un nageur après
une plongée fait surface. Mais je n'y
suis pas à l'aise, ni installé.

Horrible dessin d'un visage, dont je
vois alors les ravages subis et encore à
subir et tout ce qui est vulnérable dans
la face veut exprimer le désordre, la
désarticulation, la désagrégation que je
sens surtout ailleurs.

Tête que certains regarderont plus
tard avec une extrême gêne. Tête plus
défaite que pathétique, tête de hors-la-
loi, d'homme brisé, prêt à tout et que
le drame appelle...

J'abandonne le dessin qui est comme
une prise de conscience malheureuse.
Alors plus de visage, plus de conscience

*le dessin
abandonné,
la conscience*

au visage
redisparaît

de visage ni de mal. Je retourne en
arrière dans mes centres d'à présent,
mes demeures d'à présent.

Pas se fixer dans la mescaline. Garder
sa liberté.

M'en suis-je donné des conseils aujourd'hui, mais bien tard.

Finie encore une fois l'aventure et la
drôle d'épreuve du satanique. Pourrai-je
cette fois dire comme le Yogin de l'en-
seignement tantrique?

« Inaccessible aux imprégnations
jouissant de toute jouissance
touchant à tout comme le vent
pénétrant tout comme l'éther
le yogin est toujours pur
baigneur dans la rivière
Il jouit de toutes les jouissances et au-
cun mal ne le salit [1]. »

Non, je ne pouvais le dire. Je devais
me désimprégner [2].

J'avais été gâté.

C'est en voyant la laideur veule de
mes dessins de possédé que je commen-
çai à me désengluer sérieusement et à
me détacher, dégoûté, de cet après-midi,

1. *Kulârnavatantra*, IX.
2. Le bain érotique (satanique) étant bain hypnotique.

qui, eussé-je vécu dix vies, m'avait paru
inoubliable.

Premier temps de la décontamination.

C'est plus de deux mois plus tard
qu'étant allé à la mer un soir vif d'au-
tomne je dus faire face au vent piquant
et à la mer susciteuse d'énergie, avec
autre chose que cette atmosphère trouble
que je traînais en moi. Je fis face comme
il le fallait, selon ma nature, et reparut
alors ce côté abrupt qui m'avait fait
défaut pendant huit semaines. Depuis il
m'a paru qu'il augmentait, que dureté
et antidéliquescence étaient mes mots
d'ordre, mes camarades et mon but. Mais
entre lui et moi devait encore s'interpo-
ser... un envoûtement, d'une certaine
façon continuation de celui-ci.

EXPÉRIENCE VI

Deuxième série

*Petite dose
en plusieurs
fois*

Malaise. Nausée.

M'étant détourné une minute pour ouvrir une revue d'art abstrait j'en reçois l'impression d'une suite de coups de sabre.

La tête un peu cartonneuse.

Je ne sais où me diriger, où diriger la mescaline.

Malaise d'un genre que je ne reconnais pas.

*Mal réveillé
engourdisse-
ment
gêne suspecte*

Suis encore un peu ensommeillé. N'ai pris depuis hier matin qu'une infusion malgré la fatigue qui me diminuait. Engourdi.

Je respire sur mes doigts l'odeur caractéristique de la mescaline qui a passé dans le sang.

L'état second, je devrais être en plein dedans.

Que se passe-t-il?

Drogue traîtresse, se plaçant chaque fois un peu différemment.

Comme si l'on manigançait quelque chose derrière ma conscience sans que je puisse l'observer. Endormi, je devrais pourtant faire quelque chose. Le temps passe (peu de temps, comme dans un accident, mais qu'on sent passer très vite). Je me décide enfin, me lève. Depuis des années je ne prends plus de café, je cours m'en préparer un et fort. Il me faut être présent. Je ne suis pas assez éveillé en un certain fonctionnement de mon être, où je dois maintenir vigilance, prépondérance même. Pressé comme un homme à demi étouffé l'est de respirer, je bois mon café si précipitamment que je m'en renverse quantité sur les mains. Autre odeur. Dans quelques minutes, ça ira mieux. J'aurai, je crois, évité le pire. Tout de même, si ce café pouvait agir plus vite! Je le sens qui se met en route dans mon cœur, dans ma tête. Mais le renfort n'arrive pas à temps. Je vais être quoi? Rayé?

Il faut au plus vite que je me rassemble, que je me précise. Je prends une revue, et, sans même l'ouvrir, regarde la première photo venue sur la couver-

manigances derrière ma conscience

ne suis pas dans le coup « on » me tient à l'écart

ture, pour établir un rapport, qui me
détermine, me fasse prendre position et
me sauve.

C'est le portrait d'une fille vive, légèrement souriante, des yeux surtout,
où brille une petite lumière d'amuse-
ment.

Je la regarde et ne la regarde pas,
inintéressé. J'attends mon renfort. Et

Moi n'est plus

voilà que, tout à coup, comme disparu
dans une trappe ouverte à mon insu et
où je devais tomber, « moi » n'est plus.
Inouï!

C'est seulement en reprenant la revue
et en revoyant la fille que je comprends.
Elle est devenue moi.

A bas du lit aussitôt, je cours à la
cuisine préparer une tasse de nescafé
que j'avale. Mais le mal est fait.

J'essaie de ne pas m'affoler.

Il y a un temps de gêne horrible, dé-
sespéré, où je tente de tout stopper,
pensées, impulsions, respiration même
pour arrêter le mal et l'occupation de
l'étrangère en suspendant jusqu'à l'extrême les fonctions mêmes de la vie
dont « elle » aussi a besoin pour vivre
en moi. Je m'étouffe à moitié. Conduite
d'enfant!

Ne serait-ce pas là, me dis-je, et
curieusement (puisque je n'éprouve en-

core aucun sentiment pour cette jeune personne) ne serait-ce pas cette fameuse fusion des âmes dont quantité d'amants ont rêvé, désireux, en toute sincérité, pensaient-ils, de disparaître en la femme aimée, alors qu'ils n'étaient désireux que d'être eux-mêmes, passionnés d'elle, mais irréductibles à elle.

Cependant ils songeaient toujours à se fondre en elle, les fous. S'ils savaient! Être fille même cinq minutes! Je m'en souviendrai de ces cinq minutes!

Le bain de son corps doux et de sa nature égale, sans aspérités, je le sentais à l'intérieur du mien, auquel il se trouvait substitué. Identification boulever-sante! Élans, tensions, mordant, se trouvaient baignés dans sa nature féminine, annulés, tout piquant disparu. Oh! ce spongieux désir féminin de plaire, le sentir en soi, liquide, laiteux, aimable, contre sa nature, nauséeusement, en être envahi, et cette patience et cette disposition à être reconnue bien, à être flattée, choyée, louangée. S'ils savaient, et tout ce que ça exclut! État (séducteur) et plein de charme quand on est en face, mais qu'en moi j'éprouvais comme infamant et dont il me fallait sortir au plus vite.

Et si ça restait? Je ne peux m'accep-

L'identifica-
tion totale

ter ainsi, me montrer ainsi (tout ce qui
se relie à ça, que je découvre en cette
minute...). Faudra-t-il me tuer?

Mais la mescaline mue, mescaline rou-
lante à toute allure, mescaline jamais
fixée.

Ne commettons pas d'erreurs. Je
m'agite trop. La balance qui s'était complètement inclinée d'un côté se relève.
Le café agit. Il me réveille. Puissé-je
me réveiller tout à fait!

identification
intermittente
discontinue

Ça change, ça change tout le temps,
c'est à présent comme si par une dernière grâce en cette heure où le drame
de la personne se joue, il m'était donné
le choix ou d'être elle, ou d'être moi,
ou plutôt qu'elle fût moi, ou que moi
je fusse moi, et comme si le choix entre
l'une et l'autre possibilité m'était nettement et alternativement (et itérative-
ment) soumis et proposé, tantôt l'un,
tantôt l'autre et très vite et sans trêve.
Situation sans précédent.

Commence-
ment de
détachement
par
interruptions

résistance
discontinue
alternative

Je me remettais à regarder la fille
par moments pour mieux comprendre
notre cas, par goût aussi de jouer avec le
feu et parce que cette demoiselle dans les
moments (chaque deux ou trois secondes,
je suppose) où je redevenais entièrement moi me plaisait beaucoup. Dans
les autres moments, je me trouvais mal-

gré moi envahi d'un désagréable, terne,
féminin anti-moi, désagrégeant charme
qui ne me charmait pas du tout, état
pourtant auquel je revenais (quand j'y
étais forcé) avec une attention curieuse
et moins appréhensive, maintenant que
je me doutais un peu (en mon subconscient?) que ça allait bientôt finir et que,
me connaissant comme je me connais,
je regretterais plus tard de n'avoir pas
observé, comme il convenait, ni ressenti
avec assez d'attention dans une occasion, si unique et presque providentielle,
ce que normalement il n'est pas donné
aux hommes de connaître.

De plus en plus le café agissait. Je
me redressais en moi-même, et défati-
gué, je me redressais aussi sur le divan
et commençais à réfléchir avec plus
de liberté d'où pouvaient bien venir
les dégâts et quels ils étaient exactement.

Je commençais à me demander (ce
qui ne paraîtra absurde qu'à ceux qui
ne connaissent pas le puissant pouvoir
du mot dans la mescaline) si l'état où
j'avais sombré n'aurait pas été déclenché
par une réflexion, à propos de mon état
de faiblesse, que je me souviens que je
m'étais faite entre autres : « Ne vais-je
pas me faire cueillir? » par quoi j'en-

tendais la folie (celle dont j'avais été
atteint une fois) [1].

*le
bloc-image*

Mais le mot faisant image, faisant
bloc-image, m'avait dû donner l'impression générale que j'allais être enlevé à
moi-même. Je m'étais en effet senti « retiré », « cueilli » avant de voir la fille
qui n'avait eu qu'à se montrer pour
devenir le sujet du verbe et prendre
celui qui était déjà préparé, détaché de
lui-même.

Si nombreuses toutefois sont les intri-
cations dans les pensées usuelles, et si
infiniment multipliées dans la mescaline,
qu'il faut être pion pour donner sa foi
entière à aucune explication.

Cependant je regardais cette fille atta-
chante de plus en plus d'un autre œil.
Je m'étais récupéré. Je pouvais donc
l'aimer. Virilité réveillée, tout néanmoins
n'était pas remis en place. Toujours pla-
nait une menace. J'étais toujours au
bord de possibilités de précipices... et
je n'en avais pas fini avec elle. Si j'étais
repassé du bon côté, le désir m'emplis-
sant le corps, j'étais devant elle comme
est le fer devant l'aimant : subissant un
phénomène aussi peu psychologique que
celui-là. Il avait la gravité des lois qui

1. *Misérable Miracle*, chap. v.

gouvernent les pierres et les planètes.

Nous nous regardions.

Elle me regardait.

Je lui appartenais.

Elle savait que j'étais à elle.

Par une nouvelle diablerie, elle me tenait. Elle le savait. Comment pouvait-elle être si sûre? Je sentais dans son regard l'appui qu'elle prenait sur moi, sur le tréfonds de mes désirs et de mon goût pour elle. Je me détournais, puis je revenais à elle. Son regard disait : « Inutile, tu le sais bien, toi aussi. » Il y avait en effet quelque chose entre nous d'aussitôt devenu intime, confiant, débordant. Vingt ans ensemble ne nous eussent pas liés autant. Elle dans son regard proclamait notre « union totale » à jamais. A jamais? Là il y avait erreur de sa part. Il ne faut jamais être sûr de moi, jamais, en aucun cas, si fort qu'il y paraisse et même avec l'appui des enchantements.

J'essayais de me ressaisir, de discuter en moi-même ce lien bizarre, d'observer les bornes (il devait bien y en avoir, quoique inaperçues) à ce couple soudain que nous formions, encore un peu malgré moi. Alors elle aussitôt (son regard) se faisait « arrangeant », prête à reprendre les choses de plus haut

119

confondant
dialogue

quoique toujours dans le même but.
Étrange et confondant dialogue.

Son regard parlant, je l'entendais
comme s'il eût été une bouche qui m'eût
parlé en mots, mais très vite, et avec
quelle séduisante, inouïe animation!

Elle lisait directement dans ma tête.
Aussi ne pouvais-je résister longtemps.
Nous commencions une vie fluidique,
fluide à fluide. Par ma seule bouche
qui l'avait absorbé sans savoir ce que
c'était, nous avions pris ensemble le

philtre
d'amour,
le philtre
qui lie

philtre d'amour, le philtre [1] qui lie, le
philtre qui découvre notre prédestina-
tion à laquelle on ne pouvait s'attendre.
Vains étaient mes efforts pour me réserver comme je sais si bien faire, comme
je ne savais plus du tout faire. J'étais
dépassé. La seconde où je m'étais reculé
s'en allait sans écho, ne pouvant rien
contre cette espèce de sacrement, de
consécration qui s'était faite en nous,
nous muant profondément. Sans doute

1. Était-ce hasard pur? La vue d'une autre jolie fille eût-
elle déclenché le même irrésistible sentiment? (Sentiment ou
entropathie?)

L'oie nouvelle-née, ainsi aveuglément s'attache au premier
être qu'au sortir de l'œuf brisé ses yeux rencontrent. Que ce
soit un gamin quelconque, elle s'attachera à lui irrésistiblement, à lui plus qu'à n'importe quelle oie, en dépit de son
apparence étrangère, à jamais pour elle familière et unique.
(Elle naîtrait hypnotisable (!), dans un état propre à être
marquée par le premier venu.)

le lien était occulte et obtenu par sor-
tilège, mais on n'en voyait pas la fin,
ni le trajet. Notre mutuelle convenance
était une mer sans rivage. L'inconnue,
plus connue maintenant qu'aucune, s'en-
voyait elle-même à moi en afflux incessants. Un reste de réflexe de lutte ne
servait qu'à doucement me faire fris-
sonner dans l'étendue merveilleuse de
notre indicible union aux épanchements
muets et incorporels. Rien en tiers entre
elle et moi. Le coup, qui nous avait
frappés d'amour, avait frappé le monde
d'inexistence. Nous nous suffisions. Nos
cœurs étaient d'intelligence et tout autre
monde était dissipé ou nul. De nous
seuls, l'un de l'autre, nous tenions notre
existence exaltée.

Et toujours il y avait devant moi,
que je ne pouvais quitter, les phares
de ses yeux merveilleusement clairs, qui
percevaient mon être pour elle devenu
transparent.

Tout de même ne pouvait-elle me laisser me réserver un instant? Un seul
instant?

Non, ses yeux, buvards de moi, prenaient ma pensée à sa naissance, ils la prenaient même apparemment en avance,
telle quelle, incomplète, avant qu'elle ne
me parût formée, émise, et me la mon-

*Ses yeux,
buvards de moi*

*captation
de pensées*

traient complète, ce dont j'étais confondu et je me rendais, au comble de l'admiration, à cette fille merveilleuse. Dans mon émotion exaltée se glissait-il l'ombre non d'une résistance mais d'une distance pas bien grande que je m'apprêtais à prendre? Aussitôt la voilà qui était déjà arrivée, penchée sur moi, sur la nouvelle pente. Bien, bien. J'abandonnais alors.

Des pensées que je ne savais pas encore que j'avais, je les voyais d'abord dans ses yeux, traduites sur l'écran de son iris merveilleux, plus grand que tout, écran et ciel de mon nouveau monde.

Mais quelque chose dans la façon dont elle accueillait du regard (toujours par le regard seul, le reste ne bougeant pas, théâtre extraordinaire), ma soumission sans réserve à notre amour, quelque chose dans l'expression de sa joie proclamée, dans la façon à demi enfantine dont elle savourait son triomphe, saveur tellement à elle dans ses yeux où un rien de malice (ou de raillerie) subsistait ou réapparaissait, quelque chose me réveillait, me rappelait à moi, à la honte d'être dirigé par une simple jolie fille et je revenais en arrière, alors le doux triomphe disparaissait de ses yeux bleu clair, presque gris et un regret y appa-

raissait, une contrition de la faute qui
avait pu provoquer l'éloignement même
minime, qu'elle n'arrivait pas tout à fait
à croire vrai, la voilà qui, anxieuse m'observait, arrêtée. Moi alors ému de sa
tristesse passagère, si exquise, je m'arrê-
tais à mon tour. Mon revirement à peine
à l'horizon était presque encore inconnu
de moi, que déjà elle l'avait intercepté,
observé dans sa prochaine totalité et elle
reprenait (trop tôt) sa gentille et complice confiance qui me rendait un peu
honteux d'être toujours dépassé comme
eût été une tortue surveillée par une
guenon agile et taquine.

J'avais repris de la mescaline, je ne sais
plus quelle quantité, ni à quel moment,
et commençais à me demander dans une
autre sphère de moi si, comme il s'est
trouvé des hommes dans une séance
d'auto-hypnotisme, tellement enchaînés
par la persuasion d'avoir perdu la parole, qu'après ils ne la retrouvèrent plus
en effet (et l'on dut faire appel à un
hypnotiseur!), si je n'allais pas tout à
l'heure me trouver dans le même besoin
pour me délivrer de cette jeune fille. Le
ridicule que ce serait, ne sachant ni son
nom, ni son adresse, aucune relation normale n'existant entre nous!

Je m'enfonçais de plus en plus. Al-

*Pour la
deuxième fois,
ai pris le
philtre*

lais-je demeurer sous la dépendance du
visage de l'enchanteresse? Je me fâchais
presque (contre moi, non contre elle)
et réapparaissait alors en elle une peine,
et une atténuation de son éclat, qui
m'émouvait, laquelle émotion lui redonnait instantanément le sentiment de la
sécurité de son emprise sur moi, comme
si de toute façon, il n'y avait jamais
eu l'ombre de quoi que ce fût en travers
de nous, liés par une promesse implicite,
sur laquelle il n'était pas question, pas
imaginable qu'on revînt jamais. Ainsi
me prenait-elle et me reprenait-elle et
j'en venais à ne plus donner cher de
ma liberté face à ce joli félin si exactement appliqué à moi.

Ainsi elle lisait mes reculs, mes ap-
proches, mes abandons. La nouvelle dose
de mescaline nous avait encore rapprochés. Trop rapprochés.

Dans cette conjoncture nouvelle, je
tentai de gagner mes arrières, si je puis
dire, de remonter dans mon passé, dans
ma vie passée, où ne s'étant jamais trouvée, elle ne pourrait rien « saisir ».

Prodige inouï, elle m'y suivit.

Éberlué, je la voyais, sans un instant
de retard, remonter avec moi les ruis-
seaux de ma vie, me volant ma dernière
propriété exclusive, barbotant dans mes

eaux secrètes. C'était par trop extraordinaire.

J'avais l'air fin avec mes pauvres
ruses.

Je n'arrivais pas à la lâcher par des
épisodes de ma vie d'autrefois, qu'elle
prenait à mesure que je les évoquais et
même (comment l'expliquer?) un peu en
avance. Il m'arrivait même de les voir
en elle, plus distinctement qu'en moi,
et de ne les voir que là, dans ses grands
yeux humides et lumineux. Elle me dé-
roulait comme un film.

Petit à petit elle se faisait — je le
sentais — une idée plus circonstanciée
de moi, de ma vie, de mes manques,
de ma faiblesse qu'elle me faisait voir
comme jamais je ne l'avais vue, non
par désir de supériorité mais comme une
raison de me donner à elle sans réserve
afin, en quelque manière, de devenir tous
deux un nouvel être transfiguré, invul-
nérable, que plus personne ni rien ne
pourrait atteindre.

Le triomphe augmentait dans ses yeux
que je ne pouvais plus cesser de contempler, y buvant tout bien, toute délice et
ma propre vie qu'elle me volait et dérou-
lait en elle où je la regardais, comme
si elle m'était à demi étrangère et révé-
lée à mesure.

*Confession
par une sorte
d'osmose
d'émission
incontrôlable*

*le regard de
vérité*

*je vois
dans ses yeux
se dérouler
ma vie*

. . .

Tout ce qui dure est dangereux, est installation. Je ne devrais pas lui livrer mes yeux, où elle boit toute connaissance de moi. Personne n'accepterait chose pareille.

Mais la résolution, une fois formulée, semblait avoir tellement perdu de sa force et de son importance et de sa signification, qu'elle m'apparaissait comme un vague « hum! » entendu dans une foule sans savoir qui l'a émis, ni à quel propos et sur quoi on ne se retournera pas, évanoui à jamais.

Ainsi nous allions de façon magique vers l'unité de nos deux êtres confondus, dans un amour qui n'était plus une noyade mais sur lequel je n'aurais même pas pu réfléchir, puisqu'elle absorbait toutes mes pensées à la vitesse où je les démasquais. Elle ne me lâchait plus des yeux, de ses yeux vifs et lumineux, cette amante obstinée ne me laissait aller qu'à elle.

Mais pourquoi voulait-elle *toutes* mes pensées? Et moi, quelle honte de permettre ainsi de cette façon magique ou métaphysique le déchiffrement de moi, sans interruption!

Je regardai l'heure. Il était midi. Tiens! depuis le temps qu'on est ensemble j'aurais cru minuit. Elle me parut embarrassée (naturel, regarder l'heure, tout ce que ça implique et n'implique plus!). Son sourire un peu forcé, sourire pour mettre à l'aise. Elle était occupée à perdre. Elle n'était plus celle qui boit à moi.

Tout de même incroyablement patiente, elle essayait de me reprendre, calmant gentiment sa déconvenue par les trésors d'amour que l'on voyait qu'elle avait gardés. Cela me redonnait confiance, puisque ce n'était somme toute que notre amour et notre union si évidente qu'elle défendait veillant dessus si diligemment. Donc je laissais tomber ma garde, et aussitôt son angélisme changeait, devenait luciférien, « savant de moi ». Cela continuait ainsi dans des duos brefs.

Des retours, aidés de la nostalgie (déjà?) de l'amour insensé, total, d'il y a peut-être quarante minutes, et dont on ne pouvait pas ne pas remarquer, tout absorbé qu'on fût, qu'on en descendait la pente, qu'on ne pourrait plus remonter.

.   .   .

Attention! Que l'amour incomparable ne se dégrade pas! Je commence à voir dans ses yeux un commencement de vul-

vers la fin de l'enchantement

garité (la mienne donc). On atterrit. Veillons à ne pas déchoir.

Ayant flairé mes doigts distraitement, j'y sens, au lieu de mescaline, quelque chose comme l'odeur de corps mêlés.

Compris. La transe qui nous avait tant soulevés est sur sa fin. Et ainsi va l'union indicible dont je remarquais les délices à ses yeux incessamment ravis, lacs psychiques, miroirs enchantés, qui sont sur le chemin de redevenir des yeux, d'ailleurs beaux, pas communs, pénétrants. Mais magie finie. Nature approche de son pas de baudet.

Changeons de secteur alors. Je ne suis dans la mescaline que pour la surnature. J'essaie de retrouver des visions. Beaucoup de plis, peu de couleurs, je dois donc être dans le dernier tiers de l'intoxication. Des allongements, beaucoup d'allongements. Fatigue. Je voudrais revenir au mirage... revenir...

. . .

Sur une réflexion, sur son centre tressautant difficile à fixer dans l'agitation de la mescaline, j'ai dû sombrer dans une certaine somnolence... J'entends les bruits renaissants. Je me réveille donc. Où en suis-je? Afin de savoir l'heure je tourne la tête et vais consulter le cadran du réveil, mais comme j'oublie

d'ouvrir les yeux je ne vois rien. Sans
insister, je renonce. Fatigue plus grande
que la curiosité. Tout de même, il y a
du bizarre là-dedans. Je réfléchis, cherchant l'énigme dans les chemins intérieurs et enfin me souvient de soulever
les paupières. Il est 5 h. 25, tunnel par
où je débouche dans la réalité ordinaire...

.   .   .

Je réfléchis, je réfléchis, ces variations,
ces variations d'intensité, de vitesse, ces
variations...

Autour de ces pensées, l'attention va-
cille et cède et se noie. Somnolence.

Demi-réveil.

Je viens de songer à *l'autre*. Quel
autre? L'autre qui est au lit (à côté
de moi). Car moi, à distance, je suis
l'examinateur. Dédoublement? A peine,
mais tout de même il ne m'était jamais
arrivé de me sentir (complet) à côté de
mon corps.

.   .   .

Ai voulu dessiner.
Visages, visages qui tremblent
visages aux os broyés.
J'abandonne.
Fatigue.

EXPÉRIENCE VII

Deuxième série

Très petite dose

présences sur ondes

ondes-baisers

· · ·

Petites impalpables présences sur ondes. Je songe à J..., si facilement apitoyée, je sens quelque chose comme de faibles mais frénétiques baisers, à peine esquissés, éperdus, saccadés, fuyants comme virages sur l'aile d'hirondelles virevoltant, dans l'air.

rapprochement par le pont des ondes

Tremblant, troublant rapprochement, comme si à une centaine de lieues de distance nous nous trouvions en accord, elle et moi, par ces brisements en commun, furtifs comme baisers d'enfants, mais répétés, répétés, rappelés comme une pensée nostalgique à laquelle on revient sans cesse, immatériels, moindres qu'un fil, devenus pourtant le pont naturel entre nous, entre nos êtres éloignés, pont indéfiniment vibrant comme nous-mêmes.

. . .

Je vois un lézard dans la bibliothèque, un lézard presque blanc. Peut-être un varan. Non il n'y a pas de varan blanc. Est-ce sûr? Ceux du désert déjà passablement décolorés. Et que ferait-il ici? Je ne peux y croire. Ne cherchons pas davantage. Il n'y a pas de varan dans ma chambre. C'est à parier mille contre un qu'il n'y en a pas. Et pourtant...

Chaque fois que je relève les paupières, il est là, il existe et c'est seulement dans les cinq ou dix secondes suivantes que je puis poser le « non » de la critique et de la raison sur lui avec un demi-succès.

Ce ne peut être un lézard. Comment serait-il venu là, monté si haut? Je l'aurais vu, entendu. Dans la pénombre je ne puis vérifier de façon absolument sûre et ne vais pas me lever, m'énerver, me fatiguer, mettre dans des actes une attention plus précieuse ailleurs. Et à quoi bon? Aucune circonstance ne donne du poids à la possibilité que ce lézard soit un vrai lézard. Il ne peut être que faux. Regardons ailleurs. Toutefois dès que je reporte les regards dans sa direction, il ne manque pas de me regarder à nouveau de ses yeux petits et froids. Ce n'est pas vraiment une hallucination, la

*lézard ou
faux lézard?*

dose de mescaline étant trop faible, mais c'est, incessamment resurgissante, l'apparition d'un lézard dont, non moins incessamment, je nie l'existence dans les secondes qui suivent, pour le retrouver quelques instants plus tard revenu, indubitablement lézard, et je dois argumenter contre son existence, raisonner, dix, vingt, trente fois, à n'en pouvoir plus... Trop agaçant. Je me lève. Je ne puis garder un lézard, n'eût-il qu'une infime chance d'être vrai, dans une chambre où je suis seul et agité...

Le lézard n'était qu'un morceau de journal froissé. Je le retire, sachant qu'il ne manquerait pas de réapparaître malgré tout, malgré mon savoir, malgré la preuve faite.

Je sens venir quelque chose de désagréable. Quoi?

Suis allé décrocher une ancienne gouache de moi, qui aujourd'hui, loin du mur où elle est accrochée m'entraîne, m'entraîne comme je ne veux pas être entraîné, dans un mouvement tourbillonnaire qu'elle indique, que maintenant je réalise et refais en moi irrésistiblement.

Le mot de « tourbillon » auquel je viens de penser lui donne un nouveau coup d'accélération, dont je n'avais pas besoin, lui fait faire une subite embardée dans son mouvement vertigineux.

Au diable! Quand est-ce que je me souviendrai de ne jamais énoncer un mot évocateur? (Eh! C'est qu'on ne les connaît pas à l'avance pour évocateurs...) J'allume une lampe. J'en allume une deuxième — une troisième. Encore une. Je ne peux plus ajouter de lumière. Les meubles bien éclairés, évidents et réels n'arrivent pas à contrebalancer le tourbillon avec lequel ils n'ont rien à voir, ni physique, ni physiologique, tourbillon essentiel, tourbillon métaphysique, le pire de tous. Où est-il? Il est faux de le dire abstrait quoiqu'il soit parfaitement insaisissable aux sens et tout le contraire du concret habituel. Il est le *verbe fait chair*, il est le mot *réalisé*, et l'aura de ce mot, et son sens, et l'aura de son sens, et toute la suite de sentiments qu'il entraîne, tout ce cortège *rendu présent*, subi, dans une panique exclusivement mentale, où le cœur ne bat pas plus vite ni moins vite, où le souffle n'est ni plus oppressé ni plus ample. Condamnation à la réalité d'un seul mot.

Les bûches sèches dans la cheminée, qui détonent, qu'on entend qui claquent comme balles dans un champ de bataille

Il est le verbe fait chair

le mot tourbillon fait le tourbillon

le terrible est qu'on ne le voit pas, on le sait là

émotion uniquement mentale sans dehors sans le cœur sans l'abdomen sans transpiration

émotion décorporisée

napoléonien augmentent l'irréel, l'en-
dehors du temps.

A mes yeux, rendus hypersensibles,
les lampes font mal. Je les éteins sauf
une. C'est pire. C'est angoissant. Elle
m'enfonce dans la perte de moi. Comment est-ce possible? Une lampe toute
simple, posant un doux cône de lumière
autour d'elle!

la lampe de
la démence

J'y suis. Dans ce moment fâcheux,
elle me rappelle la folie, se trouve être
l'image même de la folie : un cercle
éclairé et tout le reste dans la pénombre.
C'est ça : le cercle enchanté d'où on ne
peut plus sortir, où quelque chose à
vous seul apparaît, qui vous coupe du
reste. C'est ça, la corde au cou, tout le
monde s'en rendant compte, sauf vous.

Aussitôt cela compris, j'éteins, j'ouvre
en grand les persiennes, les rideaux et la
fenêtre. Le dehors apparaît. Il y a donc
encore un dehors! Les feuilles des arbres,
les feuilles qui ne sont pas moi, qui ne
sont pas infinies, qui ne sont pas dans un
tourbillon, qui sont tranquilles. Vivantes,
mais tranquilles. Et l'air autour qui est
lent. Sauvé! (à peu près).

la bouche de
l'abîme

J'y tombe

.   .   .

Je viens de prendre de la véricardine.
Lâcheté, puisque ça s'arrangeait. Pas
sûr! et voilà que, comme je suis à vou-

loir me disculper à mes yeux et justi-
fier l'absorption d'un calmant en me
rappelant mon malaise de tout à l'heure
et le sentiment qui me tenait comme si
j'avais été au bord... et même dans la
bouche de l'abîme, voilà que — c'est
inouï — à l'instant (incurable sot que
je suis) le cadenas du mot a joué, la
bouche de l'abîme, j'y suis, je m'y suis
mis, je suis enfermé dedans, dans la
bouche de l'abîme, réalisée par ma comparaison appliquée. Je m'y suis fourré
moi-même.

*le cadenas du
mot a joué*

Il faut avoir passé par là pour connaître
la rapidité de déclenchement, l'éclair,
l'automatisme ahurissant, c'est comme
si une épure architecturale se transfor-
mait *instantanément* dans le bâtiment
même qu'elle représente, complet et ter-
miné. « Que la lumière soit! » et la
lumière fut. Mais ici, c'est « lumière »,
sans rien de plus, sans commandement,
sans désir, mais cela suffit. De plus la
lumière ici est « l'abîme », l'abîme aussitôt s'ouvre et j'y roule.

Tout est réalisable ici, tout tend à
être *réifié*, à être *présent*. Patrie de la
foi. Le danger de la mescaline est la
foi, la foi insensée, immédiate, totale
qu'elle donne, la foi qui surprend tellement les visiteurs lorsqu'ils entendent

*On ne peut
résister
à l'évocation
à la foi*

des aliénés « ce n'est pas possible qu'ils aient la foi dans leurs absurdités », la foi, mais c'est précisément le problème le moins problème. Qu'est-ce qui après l'expérience de la mescaline paraît plus naturel que la foi? La folie est un département de la foi. Ici le mot gouffre ne pardonne pas. On ne peut plus décrocher. Ainsi le fou ne peut décrocher. Méfiez-vous de prendre foi.

atteint de la maladie de la foi

J'essaie alors d'une ruse. Je me mets à regarder des photos de toutes sortes, au hasard, dans l'espoir qu'une d'elles, comme il m'est arrivé si souvent, me captera, me donnera foi dans sa réalité, me délivrant ainsi du gouffre, qui je le sais, n'est qu'une foi dans le gouffre. Ça ne prend pas, comme s'il s'agissait de passer à une foi dégradée. La foi par le mot, je l'ai remarqué, est toujours plus totale, plus résistante à la critique, plus cachée et profonde que la foi par des images peintes ou photographiées. Plus vaste aussi. La foi par le mot, on ne peut circonscrire tous ses ravages, invisibles, incritiquables, impénétrables, insaisissables, irrejetables, les ravages de l'assentiment intérieur.

Plus l'évoqué est invisible, plus il est dangereux.

Je viens de téléphoner à G... pour prendre contact avec quelqu'un pour le cas où ça tournerait mal.

Aussitôt après avoir raccroché, des centaines, des milliers de pistons sur des dalles, à l'infini, se soulèvent et s'abaissent. Fameux! Mais des pistons! Malgré la bizarrerie, l'inattendu, il ne me faut pas très longtemps pour reconnaître, transformé, mescalinisé, rendu frénétique, mécanique et visuel, le bégaiement dont G..., un peu ému sans doute de me savoir en difficulté, avait accompagné une de ses questions inquiètes. (La mescaline fait la comparaison pure, pure de toute transition et arrangement.) *a*... (sur lequel on ne revient pas) appelle *b*..., très différent, dont c'est à nous de trouver la ressemblance.

*l'usine
qui bégaie*

Et voilà ce qui était à l'origine de cette énorme usine en plein air aux pistons affolants, en haut, en bas, en haut, en bas, en haut, en bas! Cet ahurissant et cocasse tableau, réplique industrielle du bégaiement, sorte de mise en scène pour science-fiction, ressemblait aussi (si ça veut dire quelque chose) à un concert de détonations, dont au lieu du bruit on eût perçu un équivalent «mouvements».

Qui n'est passé par la mescaline ne

peut connaître la violence et le cocasse
à ce degré et le style ventre à terre.
Cependant lassé (après en avoir, je ne
dis pas, ri, mais pensé que si je pouvais
le montrer je ferais rire la terre entière)
et devenu honteux vis-à-vis d'un cama-
rade toujours si amical avec moi, je
m'étais mis, pour calmer ce sot emballe-
ment, à penser fortement à une tête de
Bouddha. Elle m'apparut en effet, vaste
comme un champ, mais sans calmer le
moins du monde la ridicule détonatio-
nomanie qui continua dans son visage
auguste, percé incontinent de centaines
de cloques se soulevant, s'affaissant, se
soulevant, s'affaissant, se soulevant, cre-
vant en petits cratères et faisant pf pf
pf pf dans la face sainte. L'agitation
était extrême et sur place, mais les traits
du Grand contemplatif demeurèrent im-
passibles.

petits cratères ouverts dans la face impassible du Bouddha

Preuve étant faite que l'évocation est
possible, je me mets à vouloir évoquer
des animaux, à quoi je ne suis jamais
arrivé qu'une fois et très brièvement.

évocations d'animaux

Aujourd'hui réussite prodigieuse. A
peine me suis-je décidé à essayer l'évocation d'un quadrupède, avant même d'y
avoir mis ma volonté, un quadrupède
apparaît. Immenses, ses quatre pattes
et qui le mettent à une hauteur extrême.

L'apparition est scénique, vraiment
peu nature. Plutôt une illustration du
mot. La mescaline ne fait jamais nature.
Elle ne connaît pas ça. Elle est compositeur et mécanicienne.

Quatre pattes, c'est un peu juste
pour faire un quadrupède. Comme je
regrette de ne pas leur voir au moins la
queue en plus, à l'instant, du derrière
d'un singe gigantesque soudain démas-
qué, se lève d'un jet une queue formidable, qui me fait réellement me rejeter
en arrière, tant elle m'a semblé se lever
sous mon nez, queue instantanément
dressée et qui, si elle m'avait atteint,
m'aurait renversé comme un crayon.

Animation générale. De toutes parts,
objets, membres animaux, dans une
saoulerie cinétique, zèbrent et traversent
en flèche l'écran visuel.

. . .

Cependant j'ai dû remettre des bûches
sur le feu. Un feu d'enfer, me dis-je avec
pas mal d'exagération à l'endroit de ce
feu moyen, mais dont je sens extrêmement les flammes tordues, emportées,
avides d'oxygène, rendant bientôt ce
bois humide et terre à terre possédé lui-
même de fureur et d'enthousiasme
presque dionysiaque. Mais c'est créer
que je veux. Essayons de voir des doigts.

*feu
dionysiaque*

Sans tarder, à l'appel, de partout fusent des doigts, un lâcher de doigts, un jaillissement de doigts, des cris de doigts. Eurêka! Cette fois j'ai trouvé, j'y suis arrivé! Encore un essai, et un autre, et encore. Ça devient un jeu, quoiqu'il soit toujours fatigant de planter une image-mère, mais quand j'y arrive, les images-filles rappliquent de tous côtés avec une précipitation d'une bande de babouins à qui on a jeté des cacahuètes.

le jaillissement de doigts

Si j'évoque *une* roue, elle en provoque cinq cents à sortir de tous côtés, de toutes dimensions, à toute vitesse, en groupe ou toutes seules, et de travers, n'importe comment, mais en hâte, en grande hâte, filant à toute allure.

Quand je pensai dents, ce fut à l'instant une telle irruption qu'elles ne savaient (moi je ne savais) où les fourrer, dents inégales, irrégulières, dans des bouches bourrées à éclater, où elles se trouvaient à plusieurs rangs, incomptables et plus compliquées que dans les dentures les plus riches de loups de mer ou de baudroies, bouches ou gueules pleines de dents à ne pouvoir plus se refermer.

raccourci d'actes

.   .   .

Je commence à bouder tout cela. J'ai

faim, à jeun depuis trente-six heures. A
ce moment (à cette subite conscience)
je me vois (en vision intérieure, très
forte) je me vois, en pas beaucoup plus
d'une seconde, *entré dans un restaurant,
assis, servi, réglant, levé, sorti.* C'est formidable! Et le repas? me dira-t-on. Je
me le demande moi-même, mais bien
après, un repas, où tout y est, sauf de
l'avoir pris, néanmoins complet, enlevé
et dont franchement je ne voyais pas
tout de suite ce qui lui avait manqué!
Ah, ce raccourci! Cinq actes à la volée.
Sorte d'aventure-express qui en somme
me laisse satisfait. Du pur spectacle
mescalinien.

circuit-express
repas-éclair

Reproduction-éclair d'un circuit
d'actes. Caricature sans qu'elle soit vou-
lue, de nos habituels actes et mises en
route d'actes, actes qui aboutissent à
d'autres actes, après un certain parcours avec actes (ce qu'on appelle la
conduite) et où ne se retrouve pas la
satisfaction en vue de laquelle cette
chaîne d'actes fut conçue. Disparue. La
pensée radoteuse de l'ambitieux, du
content de soi, etc., est souvent faite
de tels circuits d'actes. Mais le souci est
toujours composé de la sorte. Le souci
(maladie du XXᵉ siècle) est la représentation répétée incessamment d'une chaîne

circuit d'actes

d'actes à accomplir, *la jouissance en
étant ôtée.*

. . .

Un peu plus tard, songeant à la promesse que m'a faite G... de me retélé-
phoner pour prendre de mes nouvelles,
et l'attendant, je le vois (l'imagine) en
vision intérieure, regardant l'heure, empoignant le téléphone d'un geste d'une
brusquerie irréalisable, électrique, d'un
geste à balayer les couverts d'une table
où il aurait été insulté, d'un geste, d'un
élan à défoncer une cloison, je le vois
attrapant l'appareil, empoignant l'écou-
teur et... raccrochant — c'est fini. Il
n'en est plus question. Téléphonage-
éclair.

*reconstitué
en imagination
musculaire*

*téléphonage
éclair*

Quant à parler (l'acte important), c'est
celui qui est omis. Comme le précédent,
celui de manger. Pourtant celui en vue
duquel sont faits tous les autres. D'ailleurs incomplets aussi. Curieux. Comme
si on se vidait ainsi de toutes ses préoc-
cupations sur un sujet. Peut-être une
série de *décharges* nerveuses dans les
muscles, que l'imagination visualise, ou
l'inverse, ou les deux?

*image
schématisée –
simplifiée*

L'attitude mescalinienne est d'anti-
étalement. *Ses images sont schématiques,
cinétiques, simplifiées.* Les actes, les situations, les enchaînements d'actes sont

simplifiés, extra-brefs. Tout ce qu'elle fait, ce sont des *comprimés. Comprimés de situation. Comprimés d'actes. Comprimés de réflexes.*

Procédé de simplification : ce qui est l'acte pensant, intelligent par excellence.

. . .

En vision (intérieure), je vois un marchand de tapis secouant un tapis. Le tapis ondule, un tapis qui n'a pas de fin. Je vois le crâne du marchand de tapis, qui ondule par-dessus le tapis que ses mains déroulent, crâne qui ondule, ondule, comme ondulerait un rouleau de papier léger qui se déroulerait, et crâne qui ondule, tapis qui ondule. Les mains qui tiennent le tapis qui ondule, je les vois qui s'allongent, qui s'allongent, qui s'allongent, qui ondulent, qui ondulent sous sa face en détresse qui à son tour ondule, qui ondule, qui ondule, avec tout cet ensemble qui ondule et dont il ne m'échappe pas que ce sont de mes ondulations qu'ils ondulent tous, le tapis, le marchand, le crâne, le visage, ondulations sans fin que je n'arrive pas à calmer et qui, entre autres lieux, se sont placées là, en évidence, de telle façon que je les vois et ne peux les nier.

De temps à autre, il y a accélération,

situation comprimée

crâne ondoyant du marchand de tapis ondulant

comme si des risées les faisaient s'agi-
ter plus précipitamment sur la voile
intérieure tendue en moi, et des formes
s'enfoncent dans un sol sablonneux qui
les avale sans peine, cependant que le
marchand de tapis, toujours pas arrivé
au bout de son tapis, continue, le déroulant, le déroulant, au milieu de mar-
chands de tapis arrivés de partout avec
leurs tapis qu'ils déroulent, qu'ils déroulent, qu'ils déroulent.

Je mets la radio afin d'entendre de la
musique. Sans en avoir le moindre désir.
Je me force. Décidément c'est le jour
où je m'applique.

Aussitôt elle me gêne, se répand, gros-
sière, par-dessus la musique silencieuse
qui m'habite, non moins vibrante, non
moins symphonique et beaucoup plus
surprenante que sa sœur sonore.

Agaçante, cette impression de su-
perposition. Les efforts du compositeur
me paraissent d'une incroyable inanité.
Même résultat avec diverses œuvres mu-
sicales d'époques différentes. Elles ne
laissent qu'une masse sonore, amas fluc-
tuant, lent, plus que lent, sur place,
sorte de vase musical.

L'impression d'être près, trop près
d'un gros matou ronronnant.

Des mélodies à présent. Dieu! Qu'elles sont lentes, même les plus rapides. C'est si mince ce qui sépare la plus rapide de la plus lente en regard de « mes » vitesses.

Marais musical, d'où aucune vraiment ne sort. Sorte de massage sous la cuve — et cet agaçant plafond sonore sur soi en même temps.

Aucun plaisir. La mescaline en tout est anti-étalement, anti-savourante, anti-gourmande.

La seule forme que je supporte ce sont quelques rythmes. Le rythme est ouvert, n'a pas de velours par-dessus ni de toit.

Vous pouvez mettre dessus autre chose, une mélodie, des paroles, ou un état d'âme. Il vous reste à faire.

Même ainsi, j'abandonne bientôt. Le meilleur rythme me contrecarre. Ou sinon un rythme que j'invente, pour moi, me ralentir. J'y arrive, j'y arrive plusieurs fois :

Mescaline sûrement déclinante.

EXPÉRIENCE VIII

Deuxième série

Elle tient en peu de pages. En effet, il ne s'y passe autant dire rien. Pourtant elle compte. Mescaline instructive par ses dérobades, ne se plaçant pas sur les terrains où vous l'invitez, mais sur les terrains où vous êtes réellement occupé, préoccupé.

dehors, branches secouées par la tempête

Au dehors, tempête. Depuis hier des bateaux sont jetés à la côte, le souffle du vent à cent quarante kilomètres à l'heure arrache des toits, renverse des masures et garde dans Paris assez de violence pour secouer fortement les branches des arbres du jardin. Les feuilles de la vigne vierge battent follement à ma fenêtre.

Comment concilier ce tumulte continuel avec le calme nécessaire à l'expérience? Il vaudrait mieux la remettre à plus tard. Sans doute, mais je passe outre, pressé d'en finir avec elle.

Insensibilité par gradins.

Je parcours un volume récent, exposé des arts de l'Asie du Sud-Est, contenant les relevés (en dessins au trait) de nombreux motifs architecturaux. Je l'abandonne bientôt, peu intéressé, et prépare une feuille de papier pour notes éventuelles. A peine posée sur mes genoux, j'y vois en lignes franches, d'un noir léger, des tracés de colonnes et de corniches, de sanctuaires avec leurs dieux, de linteaux et de tours, de nagas et de gopuras, et des garudas de monuments birmans et javanais, avec une netteté telle que je pourrais, si je faisais assez vite, les calquer. Mais il faudrait faire rudement vite, car, quoique les sujets restent fermes, ils sont sur place parcourus d'un fourmillement de lignes.

Surprenant, et cela dure, ce qui l'est davantage [1].

L'apparition linéaire n'utilise en rien les accidents du papier, comme il m'arrive souvent, ainsi qu'à la plupart des dessinateurs, qui sont par là aidés à

---

1. Phénomène de rémanence? Peut-être. Je croirais plus volontiers que les lignes d'épaisseur égale des tracés du livre d'art, m'ayant suggéré l'idée de calque, excitent mon imagination dans l'ivresse mescalinienne à un jeu dans le même sens.

voir ce qu'ils n'ont encore que dans la
tête sans pouvoir l'apercevoir. Ici les
contours sont vus *complets d'un coup*,
d'un seul trait égal, sans nuances. Que
le papier ait une fibre qui dépasse ou
un creux, ou une tache ou une ombre
importe peu, le dessin *sans fléchissement*,
sans se laisser inviter ici plutôt que là,
se plaque sur la feuille... et même sur une
couverture rouge, aux larges lignes typo-
graphiques surimprimées, que je « lui »
tends.

*Des dessins
sans nuances
apparaissent
sur la page
blanche comme
s'ils étaient
des décalques*

Ce ne sont pas non plus des hallucinations, aucune foi ne m'emporte à les
trouver vrais, ni réels, ni même à avoir
envie de vérifier s'ils le sont. Et j'hésite
à les appeler hallucinosiques. Je capte
sur cet écran blanc, je reçois dessus, des
images qui survivent et s'amusent, dont
les minutes sont comptées, et qui vont
bientôt disparaître.

.   .   .

Disparition.

Voilà tout ce qui se sera présenté à
moi dans cette journée quoique je re-
prenne encore deux fois de la mescaline,
à croire que c'était de la craie que je
prenais par méprise.

A midi ses sortilèges étaient apparemment terminés, sans que je pusse
rien en tirer. A minuit pourtant, j'étais

encore sous son effet, incapable d'efforts,
et de retrouver le normal.

. . .

Revenons en arrière : à onze heures
du matin.

11 heures

Je viens de me raser. Drôle d'idée.
Je ne sens aucun effet mescalinien, rigoureusement aucun. Pourtant l'odeur est
là à mes doigts, l'odeur que je connais
si bien.

Vais-je reprendre de la mescaline?
Oui.

11 h. 30
2e dose

. . .

Toujours aucun effet apparent.

aucun effet

Je me sens extrêmement décidé, (!)
alerte (ou en état d'alerte) (?) Cela vien-
drait-il alors tout de même du vent?

. . .

. . .

Toujours rien. Si j'essayais des visions?
Rien, ou à peu près rien. Assez vite
j'abandonne, impatient.

2 h. 30
nouvelle dose
aucun effet

Est-ce que je reprends de la mescaline? Oui. Il le faut.

Je sens comme des reculs en moi,
c'est-à-dire de l'insensibilité qui croît.
Parfait! Je suis sur le bon chemin.

. . .

Toujours aucune interférence apparemment entre la mescaline et la tempête.
Malgré sa violence je n'y fais aucune

149

attention, comme choses du dehors, pour les gens du dehors, tandis que le mot que je viens de mentalement prononcer est pour moi beaucoup plus réel, plus proche de ma région de dérangement et je m'en écarte vivement.

Bizarre, cette absence d'agitation!

Danger de mettre en profondeur ce dont on n'a pas voulu en surface. Mescaline insaisissable : je passerai des heures sans y voir clair, *sans pouvoir reconnaître l'énervement* dont, et pour raison mescalinienne et pour raison de tempête, j'eusse dû être plein, contre quoi (contre ses atteintes en surface) je m'étais si bien défendu que je ne le trouvais plus.

l'énervement dont je n'arrive pas pleinement à prendre conscience augmente sous le couvercle d'un flegme qui lui aussi augmente

Il s'était donc placé à l'étage au-dessous. Si je le détectais là, ou plutôt le soupçonnais d'y être, à nouveau, il glissait plus en profondeur. Moi, cependant, calme, sans le bénéfice du calme, je m'étonnais, n'ayant que les dehors d'un calme qui ne me satisfaisait pas, et « ne rimait à rien ». En dessous du flegme (car tel était, ayant grandi, ce faux calme!) l'agitation, dont il m'était toujours impossible de prendre conscience, s'enfonçait de plus en plus à mesure que je prenais de la mescaline et que je me bandais contre les bruits agaçants et le danger d'énervement.

Ce double mouvement continuait en progression accélérée comme la mescaline sait faire, toujours plus d'agitation sous le couvercle, et par-dessus toujours plus de flegme, mais de plus en plus faux, plus fabriqué et prêt à me valoir un bon breakdown comme à tous ceux qui ont une fois pour toutes paré à toute éventualité.

Comme cela faisait songer à ces flegmatiques d'apparence qui, à la stupéfaction de leur entourage font les accidents des nerveux, ulcère de l'estomac, asthme, etc... parce que voués à être énervés, ils se sont caché cet énervement et lui ont opposé un barrage d'ailleurs remarquable, au-delà duquel il continue, et s'enfonce avec détérioration dans l'organisme où à l'abri de l'observation il va se dissimuler, jusqu'à ce qu'un jour il se révèle par des désordres de la maladie.

De ce genre était mon agacement, mais il tenait de la mescaline les caractéristiques d'éperdu, de sans bornes, d'en route vers l'absolu.

Agacement pur qui n'a plus besoin que quoi que ce soit d'agaçant se présente. Je le reconnaissais pour l'avoir observé — sans sympathie — chez d'autres. Ici, toujours en retrait. Tendant à l'absolu.

Au ratissage complet et incessant de la réalité.

Inconsistance totale du monde dont on ne « retient » plus rien.

mécanisme de l'agacement : escamoteur de vie

Je connaissais à mon tour ce mécanisme pernicieux, cet insupportable état qui retire toute saveur à la réalité. Or sans saveur, plus de vie.

Ce retrait (car saveur c'est considération de saveur... et repos dans la saveur) ne laisse en effet d'issue que le suicide.

(interrupteur de vie, de la saveur de vie)

le briseur caché

Mieux que le désespoir, plus mécaniquement, capable de faire de tout et de n'importe quoi *des riens*. Même pas nécessaire d'être pessimiste. Je mesurais maintenant la misère de certains trop vite méprisés. Je la comprenais : A d'indescriptibles passages de riens, j'avais moi-même passé ma journée entière.

TROISIÈME PARTIE

DOMAINE MESCALINIEN
ET
DOMAINES VOISINS

La sorte de camp retranché qu'occupe l'homme et dans lequel il manœuvre ses idées se disloque dans la mescaline. Il n'a plus ses idées. Il n'a plus l'impression de force sur ses idées. Et cette impression est juste. Sa volonté ne les tient plus en son pouvoir. Renversement des pouvoirs.

Renversement des pouvoirs

L'arbitre « moi », l'arbitre habituel et le meneur du jeu et des idées, celui qui décide et ordonne est sans forces. Ce sont maintenant les idées, les images, les impulsions qui ont force, qui ont pouvoir, qui ont prise sur lui, qui le modifient, et instantanément, dès leur apparition parfois fortuite. Il leur est « exposé ». Il est par elles hypnotisé, fasciné. Victimé. Elles poussent sur lui et font qu'il a foi en elles, une foi ridicule contre

auto-hypnotisable

quoi il ne peut pas grand-chose. Une
idée qu'on a eue dans ces heures-là et
à laquelle on a cru, on ne pourra revenir
sur elle plus tard, la reformer, la repen-
ser. Définitive. Alliance contractée.

La violence des images, des convic-
tions est telle, comparée à la faiblesse
de la volonté autrefois directrice, qu'il
n'y a pas lutte. C'est l'idée et sa représentation qui d'avance a raison contre
vous.

L'hallucination est infiniment plus
vraie que la vue de l'ordinaire réalité.
La réalité, étant formée d'éléments et
d'impressions contradictoires, est dou-
teuse, divertissante, fragmentaire. Elle
distrait. On la constate — (comme obstacle surtout).

L'hallucination, elle, admirablement
synergique, synthétique, « d'ensemble »,
correspondant parfaitement, sans ba-
vure, sans trop ni trop peu, à l'idée, à
l'aspiration, à la peur, à l'image intérieure, ne peut être mise en doute, en
question. — ADÉQUATE.

. . .

. . .

Jamais on n'est plus sûr de la réalité
que lorsqu'elle est illusion. Car elle est
réalité alors par adhésion. Vous adhérez
de façon à recevoir une plénitude. Elle

est parfaite. Ainsi dans certains rêves.
La réalité seule ne donne pas l'impression de réalité. Trop variée. On n'arrive
pas vraiment à s'y arrêter. Elle laisse
trop libre de regarder ailleurs.

Autre raison : dans la mescaline (surtout lors de mes premières rencontres),
je n'adhérais pas, je la critiquais sans
arrêt. Néanmoins ce que j'y ai vu, même
risible, compte encore, m'est plus réel
et inoubliable que tous les pays que j'ai
parcourus. Car c'était à part du reste,
tandis que la réalité est toujours très
mêlée à d'autres réalités.

Ici l'attention est fascinée, commandée, à l'exclusion de tout autre objet.
L'image passe seule sans être comparée
à rien, sans avoir à être arrachée, retirée
d'une complexe réalité.

Une idée que vous y avez, n'est pas
comme des idées parmi d'autres, qu'on
lit, qu'on attend, qu'on a, et qui n'arrêtent pas le monde pour ça. Ici justement on a arrêté le monde pour elles
et même si elles ne sont pas extraordinaires, elles ont ceci d'extraordinaire que
le monde s'est tu et s'est caché pour
elles, que vous entendez ainsi comme
un clairon qui retentirait tout à coup
dans une crypte déserte.

Leur empreinte, leur caractère unique

est de s'être érigées sur la table rase de
tout, supprimé autour de vous, ou vacil-
lant.

*

**Abandons
de conscience**

Il m'a fallu, à l'occasion d'une forte
bronchite, prendre une préparation
opiacée pour découvrir, en la perdant
quelques heures, une conscience que
j'avais et dont je ne me croyais pas
fourni, la conscience d'un ensemble que
presque avec la vie j'avais endossé.

C'était le soir mais trop tôt pour dormir, avec une toux fréquente, profonde,
et je ne voulais pas de ces somnifères
qui semblent instaurer du sommeil en
vous sans rien arranger. Ayant donc
pris cet opium, mes bronches entrèrent
en sommeil. Un calme général des organes s'était, semblait-il, établi. Quoique
non endormi le colmatage de mes brèches
était en mon corps beaucoup plus complet que dans maint sommeil, où l'on
garde une conscience de dormir, par le
fait de son imperfection, de ses interruptions légères, par ce qu'on y reçoit
des messages d'organes inapaisés et parce
qu'on essaie en des images de rêve
d'arranger ce que la journée et la vie
n'ont pu arranger. Supprimés les aga-

cements, les gênes, les micro-souffrances, on m'avait ôté ce pardessus troué. Je m'étonnais de sa disparition, moins cependant que de l'avoir endossé sans le savoir depuis ma naissance. Par comparaison avec les présents moments délassés, j'apprenais que je n'avais sans doute eu de ma vie une heure de tranquillité organique et que, comme beaucoup de personnes, je n'avais souvent qu'un sommeil criblé d'éveils, qui font qu'en une nuit on se retourne cinquante, cent ou deux cents fois dans son lit, sommeil en réalité composé de centaines d'îles de sommeil.

îles de sommeil

La sérénité physique de ces quelques heures était évidemment quelque chose pour plaire à bien des souffrants. Après trois nuits, j'en avais déjà un certain désir, mais pas bien grand, quand heureusement la bronchite se calma. Outre une grande frilosité, je n'aimais pas dans ce produit ce que je n'aime pas non plus dans les personnes, le fait qu'on colle à moi. En plus, il se révéla ralentisseur (de quoi exactement?) ce dont je n'ai normalement aucun besoin. La troisième nuit, je fis un cauchemar lent (recevant dans le dos, entre chemise et chair, juste sous la peau une longue,

longue, lente, lame de dague interminable qui me mouilla de sang — je
le croyais — et de sueur froide, drame poisseux qui le matin n'était pas
encore tout à fait arrêté, mû mystérieusement par la lenteur acquise.

Il eût suffi à me dégoûter.

Mais vivre étant un parcours, j'étais
assez satisfait d'avoir connu une partie
du parcours, à travers une conscience
différente.

En ces deux nuits mémorables presque
aucune image ne vint directement, vision-
nairement, et je n'en sentais aucunement
le besoin.

Mais, à la longue il m'en vint, en ce
genre de rêveries où l'on sent la situation plus qu'on ne la voit, où n'im-
portent les couleurs, sans doute absentes,
et où les images servent de comparaisons,
de recherche tâtonnante sans rien montrer de solide et d'autonome. Ainsi je
voyais parfois des cercles, images que
je venais de former pour correspondre
à des îlots d'inconscience, auxquels je
songeais, et pour mieux en moi les fixer.

à la longue
sérénité interne
« venait »
correspondre

De même, quand je subissais ces
longues minutes sereines sans interruptions, sans aucun chatouillement, ni gêne,
ni agacement, ni remuement physique,

il m'arrivait de songer à un couloir, et
de laisser, sachant que je l'avais fabri-
quée, l'image évocatrice de passage monotone traîner dans mon imagination,
pour me rendre compte « par la vue »
de la longueur de *temps* sans troubles,
autrement immesurable. Cependant, à
la fin, impressionné par la persistance
de l'image, j'en venais à fixer mon attention sur le couloir lui-même, dont la
longueur qui n'en finissait pas, me devenait une nouvelle énigme.

*l'image d'un
long couloir*

*

Le chanvre ne renverse pas de façon
spectaculaire et brutale comme la mescaline, il agit traîtreusement, selon son
style propre qui a quelque chose de fac-
tice et de mystificateur.

Pertes
de maîtrise
haschichines

Un jour que j'en avais mangé une
quantité trop grande, quand en pleine
défaite et affolé je me sentis perdre la
vie (une de ses mystifications que j'igno-
rais alors) c'était, je me souviens — sans
grandeur — et quand je me sentis perdre
la tête, ce fut comme si on m'enlevait
l'esprit avec un chasse-mouches. C'était
vexant, petit et obtenu par surprise.

*je me sens
mourir,
escamoté*

Rarement j'en ai pris sans que nous

161

n'ayons été deux. Moi et quelqu'un au courant de moi, par-dessus moi.

L'observateur n° 2. (En plus du Moi, il y a l'observateur habituel n° 1 de la vie ordinaire.)

l'observateur ou surveillant n° 2 s'exprime par film muet

A plusieurs reprises il faisait le point. Point cocasse et qui me ridiculisait. Comme si, tandis que je pensais à peu près normalement, *lui*, fabriquait en silence une scène à montrer. Une scène sans explication, une comparaison en mouvement. Était-ce une partie de moi qui fabriquait la scène à l'insu de l'autre partie et presque machinalement? J'avais toujours l'impression d'intention. En tout cas à moi de comprendre. Car il n'y aurait pas de commentaire plus explicite. La scène même que je voyais, c'était le commentaire. Et sur moi. Je devais chercher.

Exemple : Un pont très long, fin, racé, très, très étroit, des chaises à accoudoirs tout du long, face à l'eau, vides, inoccupées et au milieu, plus noble encore, une chaise curule ou un fauteuil de cérémonie, si ce n'est même un trône, où un personnage unique, qui n'a aucune suite, face à l'eau, se penche, se penche. D'un comique, d'un cocasse inouï cette vision qui m'est montrée, si on tient compte du style de pont (œuvre admi-

rable que je suis impropre à décrire),
du fauteuil (grandiose), des chaises vides
mais importantes, tout ça pour regarder, et d'assez haut, l'eau couler, où
rien ne passe, a bien l'air d'être une caricature de l'observateur n° 1 que je suis
dans le moment même de l'expérience.
Automime inconscient?

Les situations vont changer, mais
quelles que soient mes réflexions, le personnage me coiffera. Il sera par-dessus.
Je regarde une image quand lui regarde
la situation, et moi-même plus l'image,
et moi-même regardant la nouvelle situation, etc., etc. Sa conclusion, l'image
qu'il forme est toujours d'un rosse, d'un
méchant! Dédoublement où c'est toujours l'autre qui est au mirador.

Celui qui est au courant de moi, de
mes habitudes, celui qui est en avance
sur moi. Il a mauvais genre. Blagueur
à froid. Quoi qu'il arrive, cela semble
toujours le fait de quelqu'un qui me
connaît et fait une farce adaptée à moi,
une farce pour me déséquilibrer.

Quelle farce va-t-il me faire, ou me
faire faire? Je dois toujours me tenir sur
mes gardes. Il a le genre illusionniste,
faiseur d'illusions du réel, grâce à des
suscitations de sensations, de certaines.

Ainsi les images de hauteurs seront, contrairement à de semblables observées dans la vision mescalinienne, accompagnées d'impressions vertigineuses, de descentes folles, de montées inouïes (les montagnes russes y sont fréquentes).

Des plateaux comme montés sur cric montent et descendent par palier et l'on a la sensation des montées saccadées et des arrêts momentanés.

Je vois quelqu'un monter allégrement un escalier de pierre. Attention, voilà que sans tourner la tête, il fait, de son talon énergique, tout en montant, dégringoler des pavés sur moi, qui dois promptement me garer, tant j'ai la sensation de la dégringolade du lourd pavé et l'impression de la prochaine arrivée en bas.

Le chanvre a, tout comme la vie citadine, une façon de contraindre à des adaptations rapides, subites, il oblige à de bons réflexes et à rester en état d'alerte.

Le haschisch (au contraire de la mescaline) garde et souvent augmente (mais de façon sporadique, d'où peut-être son côté surprise ou farce) l'imagination des sensations.

Exemple : Dans la demi-obscurité où je prends quelques notes, écrivant vivement des mots à la suite dont je vois mal la trace, il se trouve que, résultat d'une précaution que j'ai prise machinalement pour que les lignes, que je regarde à peine, ne chevauchent pas, deux lignes se succèdent assez largement espacées, éloignées l'une de l'autre quoique toujours parallèles, quelque chose comme ceci : ∿∿∿∿. Ces lignes, quand je les regarde à nouveau, pour voir où, à leur suite, poser le crayon, m'évoquent nettement les rives d'une rivière. Aussitôt, contrairement à ce qui se passerait dans mon état normal, ou sous l'effet de la mescaline, JE SENS LA FRAICHEUR DE L'EAU, comme lorsqu'on est au bord d'une rivière ou d'un fleuve, et quelque chose en moi s'apprête à voir passer des chalands!

Le Ha accentue extrêmement une certaine imagination.

Ainsi je pus suivre tout un temps une action dramatique très animée, il est vrai muette, entre deux personnages que je voyais passer (comme sur une scène) sur ce qui était un tissu d'alpaca, tenu devant mes yeux, tissu au travers duquel filtrait la lumière d'une lampe de laquelle je me défendais. Les légers mouvements dus aux pulsations artérielles dans ma main tremblante, apparemment augmentés, faisaient varier et bouger des personnages vifs et expressifs dont tout un temps je suivis des yeux la discussion mouvementée.

*

Malgré plusieurs essais, dont deux me firent me juger dans un état critique, le chanvre me donne l'impression de n'avoir fait que m'effleurer.

Un jour que j'en avais pris une préparation bien plus concentrée que je ne l'attendais, des ailes se mirent à battre soudain dans ma zone à penser. Je subissais des frictions microscopiques, certainement moins fortes que je n'en éprouvai dans la mescaline, mais quand même suffisantes pour me sentir « parti ». Avec effort je téléphonai à un ami, un S.O.S. Ma décision d'appeler me parut être prise dans un chantier ouvert, sous des milliers d'ailes volantes et je doutais, tout en parlant, que l'état de mon être si réduit, expirant, sous tant d'ailes vibrantes eût vraiment assez d'importance pour être signalé et pour en alerter les autres, si lointains, si lointains,

tous si lointains. Ainsi sous le dais fré-
missant de milliers de battements d'ailes,
la conscience des obstacles à ma pensée
comptait plus que la pensée elle-même.
Ayant demandé s'il y avait un antidote,
j'entendis répondre négativement, mais
cette réponse, avant d'être effective-
ment saisie, subissait elle aussi le passage sous le dais ailé, et perdait son indi-
vidualité dans les infimes frémissements,
se décolorait, se défaisait, petite, toute   *à nouveau*
petite, aux renseignements grelottants,   *escamoté*
qui au lieu de renseigner, de répondre à
ma question, semblait un grattement
ajouté à quantité de grattements et je
restais immobile sans raccrocher, sous
les ailes vibrantes et les grattements
sans fin.

*

Après plusieurs psychiatres, j'ai répété
dans *Misérable Miracle*, tout en le trouvant suspect, le terme de schizophrénie
expérimentale pour désigner l'état où
je m'étais trouvé après avoir absorbé
une trop forte dose de mescaline.
   On ne devrait pas l'appeler autrement,
semble-t-il, que folie mescalinienne.

Des psychiatres américains ont proposé ainsi que pour la psychose qui apparaît après l'absorption de L.S.D. 25, les termes de « experimental psychosis » et de « model psychosis [1] ».

Les dessins de sujets ayant subi l'épreuve de la mescaline montrent une grande différence avec ceux des schizophrènes.

Les traits des premiers sont le plus souvent simplifiés, lancés, exaltés, contradictoires.

(S'il y a peinture, les couleurs sont extrêmement lumineuses, très pures, ou en chevauchements de tons très contrastés, déplaisants, vulgaires.)

Avec la fougue qui augmente, les traits deviennent tout à fait brouillons, les formes sont raturées, brutalisées, traversées, illisibles, donnant l'impression de brassage général (parfois de tourbillon).

A différents moments, pendant des rémissions, ou à la fin de l'expérience, et correspondant à la volupté d'une détente, l'on voit apparaître comme sous des ondes d'apaisement des lignes parallèles (parfois doucement incurvées et répétées anormalement) lignes de spiritua-

1. « Expérimental psychiatry », par MAX RINKEL et SALOMON, *American journal of psychiatry*, 1955.

lité, lignes d'applaudissement. D'autres dessins montrent le fouillis, le remplissage à l'extrême de la feuille de papier, figures et formes entassées, enchevêtrées, *ambiguës*.

L'expérience Matefi [1] permet de suivre dans un portrait au fusain fait d'après modèle, et répété d'heure en heure les différentes tendances qui se suivent. Le dessinateur a pris du L.S.D. 25, corps dont une des actions est du type mescalinien et dont l'autre (d'arrêt) a été moins ressentie. Début violent. Traits emportée. Le paroxysme, qui paraît correspondre à de véritables décharges dans les nerfs montre le dessin haché de lignes en tous sens. Tête et fond sont également traversés par l'emportement orageux. Vient ensuite la deuxième phase avec un début d'apaisement où apparaissent des lignes redoublées.

Lignes d'assentiment, d'acquiescement, d'accompagnement.

Lignes laudatives, de noblesse, d'admiration, fluides et douces comme les lignes de chevelures féminines ou de statues bouddhiques.

Lignes religieuses, signe d'une phase *idéalisante*, sinon mystique.

1. *Triangle*, 1955. Édité par Sandoz à Bâle.

Le dernier dessin montre le retour à la ressemblance. Mais le modèle est « marqué », l'air dangereux.

Seuls éléments communs à bien des dessins faits dans la mescaline, l'acide lysergique ou dans la schizophrénie : les traits parallèles et la stéréotypie.

La mescaline a sur moi, dessinateur, l'action suivante : Pendant : dessins aux traits trop désordonnés et fatigants à tracer, vite abandonnés [1]. A la fin, ou aussitôt après : dessins où apparaissent de nombreuses droites parallèles, montrant la tendance à répéter des traits identiques.

Après l'état de transe « diabolique » (page 92), dessins aux lignes tordues, invaginées, en lanières, formant montres ou têtes grimaçantes [2].

Tout différents sont les dessins de schizophrènes.

Exprimant, eux : Rigidité. Inflexibilité. Immobilité. Régentés autant que dessinés. Faits (sans pour cela être décoratifs) d'éléments décoratifs, d'ornementation monotone, stéréotypée, d'un « géométrisme morbide ».

---

1. Un seul est reproduit ici. La tête qui vient à la fin du cahier de photos.
2. Photos 6 et 7 du cahier.

Lignes appliquées, sans élan, mono-
tones, mornes, disant vie arrêtée, temps
arrêté. Mouvements lents, rares ou ab-
sents.

Le dessin de l'hébéphrénique et du
schizophrène vrai est de fermeture et
d'arrêt.

Traduisant souvent : « *Je suis seul.
Je ne vis plus. Tout est fini* à présent.
Le monde pour moi *est arrêté.* »

Montrant *la bouderie organique* de
celui qui ne marche plus avec les autres,
avec les sentiments, avec l'agitation humaine [1], avec les élans. Avec le temps
même.

Plus près des dessins, faits dans
l'ivresse mescalinienne (surtout pendant
la première phase), peuvent paraître ceux
des maniaques (dans la période d'exci-
tation psychomotrice). Précipitation des
mouvements, brusquerie des traits, violence des couleurs attestent au moins
un caractère qui leur est commun : l'accélération de leur tempo.

Mais toutes les folies ont des points
communs. La vie mentale déréglée trouve
un même mauvais et précaire équilibre,

1. Ce qui pourtant frappe le profane c'est que le schizophrène est peu doué pour la vie intérieure, comme le méga-
lomane est peu doué pour la grandeur.

comme en cent différentes maladies in-
fectieuses, le corps malade fait la même
fièvre, le même équilibre mauvais et
dangereux, le seul que trouve, et imman-
quablement, l'organisme atteint par microbes et virus.

Dus à des causes extrêmement variées,
après une longue incubation ou à la
suite d'un simple choc mécanique sur
la tête, à des éléments uniquement psy-
chiatriques ou à des lésions neurolo-
giques, *l'accélération puis le ralentissement des associations*, la fuite des idées,
la mégalomanie, les folies de persécution, les hallucinations, les visions semblablement se retrouvent en quantité
d'états mentaux pathologiques, comme
« fièvre » mentale.

*

*Rêves-compa-
raisons*

L'opération mentale la plus commune
ne serait-elle pas celle de mise en place
(d'impressions, idées, événement - surprise, etc.)? Surtout volontaire [1] dans
la journée. Involontaire [2] la nuit. Il y
est procédé à de remarquables regrou-
pements.

1. Logique et tranche-tout, avec des passages, en général
partiellement refoulés, de pensées analogiques.
2. Analogique uniquement, mais pas moins classifiante.

Les comparaisons dans le haschich et la mescaline, nettes, sans mots, sans phrases, sans but charmeur, nues au point d'être des rébus (comme dans le rêve) m'ayant frappé, j'ai voulu savoir s'il ne s'en trouverait pas ailleurs sans que je les ai remarquées.

Pendant deux mois j'ai, chaque nuit et fin de nuit, tenté de retenir et de noter mes rêves, hélas! flous, gris et courts.

Dans un grand nombre de séquences d'images, je reconnus, après examen, des événements, de mauvaises surprises surtout et des spectacles et conversations de la journée, qui m'avaient « touché » pour être rejetés ensuite et qui recevaient de nuit une place nouvelle, inattendue, intéressante, que je n'aurais pu trouver éveillé : mise en place en vue de tranquillisation, ce qui est la raison d'être du rêve.

Rêve : mise en place d'images de situations en vue de tranquillisation

Le rêve, je le voyais, était une comparaison circonstanciée, un film, qui remontait ma journée, ma vie. Une pensée en épisodes.

Contrairement à ce que ferait croire la fausse poésie, l'opération de comparaison est constitutionnelle et nullement un rajout intéressant fait après.

Une équipe de psychanalystes américains qui étudia la vie dans les villages isolés de Bali, fit la constatation qui les surprit beaucoup et dut même les choquer (car ils en font un comportement névrotique!) qu'un Balinais à qui on annonce une mauvaise nouvelle s'endort. Il se retire, s'étend, et s'endort.

Vertu du sommeil... que le rêve complétera — et après lesquels, se réveillant, notre homme sera à nouveau dispos.

Le sommeil n'est pas indispensable au rêve, mais il lui est salubre.

Toute analogie est une amorce de rêve.

Une insulte, un malheur, une gaffe, les encombrements émotionnels de la journée reviendront à coup sûr tôt ou tard dans un rêve... pour amortissement.

Rêve — correcteur.

Le rêve est le mécanisme pour rendre inconscient (par déplacement et replacement d'images), le surprenant, le préoccupant, le gênant... Cinq jours sans sommeil (ou à son défaut sans rêverie) ont raison de la santé mentale d'un homme, qui se met à penser de façon « affolante » par manque d'opérations calmantes, ralentissantes.

Il y a des rêves provenant d'insatis-

factions anciennes pas encore calmées et
qu'après des années il faut encore remettre en rêve, c'est-à-dire à la tranquillisation intérieure. Encore faut-il parfois appeler un déchiffreur de rêves, pour
leur permettre de se résoudre, et en
d'autres se fixer innocemment. Car le
rêveur n'est pas au courant, la coordi-
nation des images se faisant sans qu'on
ait à réfléchir. L'image vient d'*elle-même*
à l'appel de la similitude. La nuit *elles
se placent* en silence sans qu'on y puisse
rien. Situation complexe allant à une
situation pas forcément plus simple, mais
connue, classée, calmée, déminée (pas
toujours tant que ça).

*image venant
comme des
harmoniques*

*– à l'appel de
la similitude*

D'où ces retours à l'adolescence, à
l'enfance, dont les situations restent à
jamais situations-type, comme ayant été
les premières classées, base de notre
monde d'allégories et de symboles per-
sonnels.

Ainsi le sommeil aux mille tâtonne-
ments essaie les places où viendront les
images, s'agrégeant à la communauté du
passé, obéissant aveuglément à la loi
de similitude.

Images cocasses, mais je n'avais souvent qu'à ajouter les mots magiques « ça
me fait songer à... ça ressemble à... »
pour que les deux termes naturellement

éloignés m'apparussent, unis du genre
d'union qui leur convenait, et qui pré-
sida à leur bizarre contraction présente.

Mais ceux qui ont de longs et vigou-
reux rêves peuvent mieux s'y absorber
que moi, et connaître le vrai et le faux
du rêve-comparaison [1].

*

le problème du
démoniaque

La drogue comme la folie, comme la
contemplation mystique, est excellente
pour faire surgir le démon. Elle est une
vraie révélation du démon, c'est-à-dire
de l'opération démoniaque, c'est-à-dire
de la dualité humaine. Dualité pas fixe.
Dualisation incessante.

On a normalement un *moi* correct,
usant correctement (à peu près) de la
personne des autres et de la sienne; de
ses appétits, de ses facultés, de ses possibilités, de ses droits et désirant en user
correctement, et d'autre part un *moi*
« pervers », mal pensant, observateur
féroce, agissant avec perversité, ou y
songeant.

En dehors de ces deux, il y a des
« moi » éphémères, ou mal tranchés. On

1. Cette opération se fait aussi le jour durant, mais incomplète, étant brimée par les autoritaires opérations de construction, de compositions, de calculs, qui résistent à la
rêverie.

pourrait en faire vivre bien davantage.
On les a en puissance.

Des impressions nouvelles et fortes
tendent à faire des états de conscience
nouveaux, les états de conscience nouveaux tendent à faire des personnalités
nouvelles, brèves, momentanées.

De fluctuants états d'âme font conti-
nuellement des tentatives de « moi » différent.

Une situation hors de l'ordinaire invite, oblige à un nouveau dépassement
dans la dualisation.

Quand cela va mal (dans l'expérience
mescalinienne), je vois défiler, répété
souvent, et dont je me détourne et me
distrais aussi vite que je le peux (et
une seule seconde c'est déjà trop), le
visage hideux, que je connais bien maintenant, qui me regarde d'une expression
haineuse. Tellement haineuse, qu'il me
semble sot de l'attribuer à mon « moi »,
même deux fois dédoublé.

LE VISAGE HIDEUX, GRIMAÇANT

Pourquoi si haineux? Pourquoi s'il est
« moi » dédoublé, me regarde-t-il si méchamment, d'une haine si pleine d'ardeur? Quand le mépris suffirait, pourquoi tant me haïr? C'est un moi, s'il est
moi, qui ne marche absolument pas avec
moi. Ses yeux qui voient ma duplicité,
son rire sardonique qui m'est adressé

sans fin, sans que je puisse rien, c'est
inoubliable [1].

Les fous ont vu ces visages à l'œil
d'orang-outang furieux, et parfois les ont
peints, les mystiques chrétiens en ont
parlé de ces visages affreusement laids,
d'une méchanceté ad hominem, qui font
perdre courage.

*le visage
repoussant*

Il vient, dès que je suis en difficulté, le
visage répulsif que j'ai déjà bien vu
trente ou quarante fois, dont je me détourne aussitôt, me précipitant pour me
jeter de l'eau sur les mains et le front,
tête horrible, grimaçante, qui suit avec
exultation mes pensées d'homme traqué.
Ce n'est pas Dieu, c'est le démon qui
voit l'homme, qui est la conscience de
l'homme, une conscience du reste qui
comme l'autre conscience se *scandalise*,
mais du bien, de l'effort, de l'idéal, visage
que les contemplatifs purs ont dû voir
d'autant plus outré et mauvais, propor-
tionné à la sainteté de leur premier
« moi ».

Lui, jamais intimidé, parfaitement
inintimidable, les regardait avec la clair-
voyance de la malveillance.

Dédoublement, apparition de la sur-

1. La distorsion des lignes, phénomène habituel ici,
explique en partie le monstrueux, le grimaçant, les formes
« dragon » mais non la haine fixe.

veillance que l'homme exerce sur lui (le moi correct sur le moi pervers et le pervers en lui sur le correct en lui), dédoublement plus sensationnel dans les circonstances terribles, où l'âme avec un nouveau chef semble aussi se trouver un nouveau traître. Et grimace est son signe. Mauvais, ça, quand le grimaçant devient plus grimaçant; celui qui horriblement *nie vous.*

Les grimaces du démon, c'est un fait expérimental. Dans mon état normal et même en rêve, je n'avais de ma vie vu pareil insoutenable visage luciférien. Ceux du Moyen Age ne me disaient rien. L'Idée de grimace pour exprimer le démon m'avait toujours paru du dernier grotesque et la preuve de la stupidité et de l'indigence imaginative des gens de bien.

Cependant Catherine de Sienne, et elle est très attentive, attestait :

« ... Le visage du démon est si horrible qu'il n'est point d'homme assez courageux pour pouvoir l'imaginer. »

. . .

« Tu sais (lui dit le Christ) que te l'ayant montré une fois, un tout petit instant seulement (un véritable point) tu aurais préféré, une fois revenue à toi, marcher sur une route de feu jusqu'au jour du jugement dernier et la parcourir sans cesse plutôt que de le revoir. » (*Traité de la Discrétion*, chap. XXXVIII.)

et encore, car le visage n'est pas seul à parler :

« Quand le démon voulut te terrasser en te montrant ta vie comme une longue *duplicité...* »

Tel est le visage du méchamment clairvoyant, de celui qui n'est absolument *pas dupe* de vous (du moi correct... ou saint s'il s'agit d'un saint) qui vous décourage au point précis où se trouve votre courage dont vous auriez pourtant tellement besoin en votre difficile situation.

C'est aussi le faciès de celui qui, dans l'état paranormal et dangereux où vous êtes, et tandis que vous luttez pour vous soutenir, est *de cœur* avec le *processus morbide, qui va vers l'annihilation de votre être mental.*

Laideur, dont on ne peut soutenir la vue, parce qu'elle traduit la décomposition de toute « virtus », de toute fermeté ou fierté et appelle par l'exemple l'effondrement de la nôtre.

Incessant inverse de tout courage, comme de tout idéal, incessant dénigrateur des grands élans et même du désir de survie.

L'état second est par rapport au normal un état vicieux. Même un saint (quoiqu'il n'ait pris d'autre drogue que celle de l'ascétisme et de l'épuisement) sait qu'il y a là quelque chose de monstrueux et comme une perversion de la nature.

Le démon est ce savoir, cette impression, mise en image, mise en personnage... par suite de l'opération involontaire de l'imagination réalisante qui l'exprime en une figure.

Par figuration, automatique peut-être, incoercible certainement, l'homme en état second « projette un démoniaque » visage, qui *se réjouit de destruction* [1].

Absurde, dira-t-on, processus compliqué, anormal. Pas absurde dans l'état second, où l'idée, où l'impression est

---

1. Les clivages de conscience pouvant être multiples, la tête qui apparaît « étrangère » pourrait être celle de la direction ménagère de l'individu, courroucée et qui dirait muettement : « Est-ce là ce que tu fais de nous, de notre ménage? »

En somme, Sancho Pança, ou aussi l'épouse, comme l'appelait un ami à qui j'en parlais, celle qui (conscience de votre santé, votre situation, votre « barque » comme disaient les parents d'autrefois), ne marche pas avec vous, vous connaît par vos petits côtés, et vous désapprouve et présentement abhorre votre conduite... et vous hait (?).

Cependant, elle devrait surtout être furieuse, regardant où je la mène, or elle ne l'est pas du tout. Jamais je ne lui ai vu trace de fureur que j'aurais bien reconnue.

Son ardente, violente, suractive haine, voilà le phénomène (et non mépris, fureur, etc.) et la jouissance de me voir pris dans le piège.

devenue toute-puissante, toute évocatrice, créatrice, donnant vie faciale au
phénomène qui ravage. (Il est toutefois
possible qu'on perçoive une réalité. Mais
laquelle [1]?)

Peut-être est-ce aussi comme le début,
la prescience, la prémonition, qui vous
est soufflée sans que vous le compreniez,
de l'état diabolique qui se prépare où,
comme dit Angèle de Foligno, « l'âme
se voit dépourvue de ses puissances, et
quoiqu'elle ne consente pas aux vices,
elle se voit sans force contre eux » et
de celui qui est au-delà, où l'âme, avec
un surprenant et momentané consentement entre, soulevée, délirante, dans le
tourbillon diabolique de la perversité.

Le démon immanent, qui venait de
se montrer, ne se montre plus alors. Il
agit. L'opération démoniaque, comme
l'opération démentielle, celui qui ne l'a
pas subie, à fond, au fond de lui, ne peut
savoir ce que c'est. Une grande affluence
d'efficaces, d'envoûtantes pensées de perversité, unies synergiquement, pour travailler ensemble à toute vitesse, dans
un mal de maelstrom, dans un mal illi-

1. Et s'ils existaient réellement? Si devenu hypersensible
et pour mon malheur « voyant » uniquement dans ces
moments effrayants je percevais ceux-là qui, malveillants,
ravis de ma perte, la suivent réellement, démons, âmes
errantes, larves dans l'astral (?).

mité, enthousiaste, transporté, qui ne s'oppose pas au bien, mais à l'idéal, au céleste, envers d'idéal, idéal de ravalement qu'on contemple médusé, amolli, toute volonté profondément dénoyautée.

Dans cet état extrême, dans la transe, il y a une véritable possession.

Possession par qui? Par l'idéal de perversité qu'à son insu tout homme porte en lui, cet idéal, pensées et désirs groupés, devenu momentanément « moi », un moi totalement, vertigineusement entraîné.

Des milliers de saints se sont accusés d'être les plus indignes, les plus mauvais, les plus hypocrites des hommes. On n'en revenait pas. Mais il faut les en croire. Ils se sont vus. Incorruptible à la vertu, leur double démoniaque, excédé de « leur sainteté » et qui en observait l'envers et le terrain les avait instruits. Ils savaient de quoi il est question.

De l'insondable mal. De l'insondable dualité. De la persistante accusation de tricherie portée par l'Autre.

L.S.D. 25

Le présent ouvrage était déjà à la composition, lorsque j'ai fait deux fois, hâtivement, l'expérience du *Diethylamide de l'acide d-lysergique*, à doses faibles.

Observation difficile, fréquemment noyée dans de longues absences. Flaques d'indifférences. Inertie. Comme dans la mescaline [1] et dans toutes les drogues et avant tout : *Intermittences de la conscience* — Ici, graves, prolongées — [2].

A la recherche de ce qui me manque,

1. Dans la mescaline, se montrent surtout des *micro-intermittences*. Ne pourraient-elles expliquer plus simplement que je ne l'ai fait jusqu'à présent, les suspensions très rapides de sentiments, d'impulsions, de pensées, lesquelles subissent non de vraies volte-face, mais des *micro-interceptions?*

On peut penser aussi à des polarisations et dépolarisations des neurones se suivant presque immédiatement. (Mais où? Lesquels?).

2. Les dessins qui ont suivi montrent des formes et un monde *lacunaires*, une occupation irrégulière et lacunaire de la page. Conscience des « lacunes » de conscience.

mon attention rôde en moi, cependant
que je me désunis. Ma chambre n'est
plus proportionnée à mon être, n'a plus
d'amitié pour moi. Perdue ma résidence
en elle, perdue ma résidence en moi.
Délogé. Bilogé. Comme si j'étais en même
temps dans un autre lieu.

De la claustrophobie et l'impression, par moments, d'être déjà sorti et,
quoique sorti, d'être encore un peu retenu ici. Comme si je continuais aussi
à penser sans cerveau. (Combien de
temps réussirai-je ce tour de force?) Il
me vient à l'esprit que l'être n'a pas
de taille. On le savait. Je le sens.
C'est grave. Ce n'est pas tranquil-
lisant.

Comment espérer jamais trouver la
quiétude si l'on n'a d'assiette que métaphysique.

Agir gèle en moi.

Tout ce sur quoi (dans l'intelligence)
opère la volonté, est en train de partir
ou parti : la fonction « drill » de fouis-
sage, de forage, de chasse, d'exploration,
de vérification, l'opération qui consiste
à porter et à remettre constamment l'intelligence au point d'application choisi
(fox-terrier qui revient au trou), l'insistance, le commandement sur l'intelligence. Sa police.

Lire ne va plus [1]. Mon temps n'est plus devant moi. Ne reste qu'une journée d'enfant. Ma journée d'adulte prévue, préorganisée, j'en vois en lambeaux les dernières structures et ils s'en vont.

J'avais donc tant de plans! Abandons de pensées. Achèvements prématurés de pensées, d'actes. J'oublie, je ne retrouve plus où est le crayon, où le papier, où la corbeille d'oranges. Je ne puis me contraindre vers les « où? ». Potentat n'est plus, qui tenait son empire dans ma chambre. Celui qui savait, suivait les places, les temps, les détails, qui tenait ferme la topographie, fait relâche.

Abandon dans la recherche. Impuissance à redonner la chasse en arrière, c'est-à-dire dans la mémoire, en avant, c'est-à-dire dans la préparation de l'avenir. Avenir nu. Avenir nul. Avenir sans visées.

Pensée au lieu d'être une succession de pointes, c'est-à-dire d'efforts d'attention, d'instants où on la relance et où on la rétablit à nouveau, et en force, sur le sujet, est réduite à une seule

---

1. Que serait-ce d'étudier quand parcourir vaguement est à peine possible? Sans efforts, sans insistance, sans direction coercitive, pas de persistance de la lecture.

pointe, à un seul effort (au départ) pour lâcher complètement ensuite.

Cerveau ne *retient* plus.

Cerveau n'a plus de *prise*. Mes actes tombent en panne, mes gestes en cours de route font halte. Une orange que j'ai prise pour la manger, je l'oublie dans mes doigts. Puis, je m'arrête de la peler. Puis, je m'arrête d'en porter un quartier à ma bouche. Je m'arrête la main levée. Vains appels en moi, à ce je ne sais quoi en moi qui ne va plus de l'avant. Par précaution, j'éteins le feu, incapable que je suis de le surveiller. Des étincelles enflammées qui en sortiraient, brûleraient les papiers, le tapis, les meubles avant que j'intervienne. Initiative morte. Incitations toujours trop faibles. Empêchements à poursuivre la ligne. Tout acte étant composé d'une chaîne de gestes à faire harmonieusement, à la suite, finalistiquement, je n'arrive plus au bout d'un seul, m'étant plusieurs fois arrêté *avant* la fin de la chaîne. Solutions de continuité.

Il y a du frénateur en moi

Somnolence. Abandons. Il y a de plus en plus d'excessifs freins en moi. Mouvement s'arrête constamment. Gestes s'arrêtent. Oubli du geste commencé. Oubli total. Comme si ça n'avait jamais existé. Je sens depuis tout un temps comme une vague qui monterait en moi, monterait, monterait et ne retomberait pas. Quand va-t-elle donc enfin retomber? Je commence à prendre du thé. Quelques visions. Assez rapides. Ripple marks. Innombrables écailles. Segmentation indéfinie. De temps à autre des images très lentes, maintenues, plaquées, qui ne bougent plus, observables, certaines admirables. Somnolence. Puis vitesse reprend à nouveau. Qu'est-ce que cela veut dire? Je l'observe une demi-douzaine de fois avant d'y croire.

Quelques visions qui me déplaisent, me fatiguent, semblent sortir de˙ mes doigts dessinant, qu'elles forceraient et moi avec à dessiner, sans arrêt. Je m'en distrais.

Freins. De plus en plus de freins. Je mets du temps, beaucoup de temps dans ma stupeur pour remarquer ma stupeur.

Entre deux plaques d'obnubilation, j'arrive, après un effort, un des plus grands de ma vie, à me saisir du téléphone et à appeler D..., un ami. *Dans le stuporeux état*

D'emblée il se jette dans un récit tumultueux de petits événements qui lui sont arrivés. Il est lancé. Il a le téléphonage ardent. Il raconte. Il raconte sans me laisser placer un mot, parlant

extrêmement vite. Mais soudain (car
mon inertie masquait une extrême vivac-
ité coexistante quoique inapparente jusque-là, et qui avait besoin de stimulation, comme il arrive à des catato-
niques inertes depuis dix ans et qui « en
sortent » en un instant, extrêmement
éveillés, comme si de rien n'était), voilà
que, distrait, sans doute par ce flot de
paroles, du blocage que j'exerçais jusque-là sur les images visionnaires, voilà
que, à gauche et à droite de mon inter-
locuteur que je m'imagine, des milliers
d'images apparaissent, de terrains prin-
cipalement, de terrains secoués par un
incessant et puissant tremblement de
terre, et dont je vois les nettes et prodi-
gieuses lignes de cassure que — comment
l'expliquer? — mon raconteur semble
constamment dépasser, laisser derrière
lui, pour se trouver, entre de nouvelles
terres à leur tour lézardées, en proie
au séisme formidablement disrupteur.
Quoique me fichant un peu, dans l'état
où je suis, d'histoires étrangères, surtout si elles sont assez minces, je me
mets, décidément animé, à inventer pour
lui venir en aide quantité de choses à
faire, de conduites à tenir, de solutions
plaisantes, si bien qu'il me dit enfin :
« Ah! vraiment, vous, au moins on peut

vous parler. Le seul jusqu'à présent qui m'ayez écouté. » (!) S'il savait! A mille lieues de là je me trouve. J'en reviens il est vrai, par moments et vivement vers lui et ses affaires, comme à un scénario comique, en aucune façon réel, où je sais que je dois de temps à autre participer, ce que je fais comme je peux, à la diable, en suggestions et reparties inattendues. C'est inouï. Et je m'en souviendrai toujours comme d'un de ces tours de force de la polyvalente attention mentale dont un cerveau est capable sans s'en douter le moins du monde. Enfin je lui avoue mon état. Un peu dépité, il se calme et bientôt raccroche. Dommage, je n'ai pas voulu cela, me sentais plutôt communicatif, joyeux. Le thé a peut-être agi aussi, dont je ne prends presque jamais, dont j'ai eu envie pour lutter contre l'inertie, et qui me semble en effet très indiqué.

Cependant les images « libérées » continuent et vont continuer pendant plus de trois heures, rapides, film étonnant qui parfois ralentit, s'immobilise, stoppe, me permettant de contempler une image aux couleurs d'ailleurs souvent magnifiques (des jaunes rarissimes dans « ma » mescaline, de sombres laques ou du vert flamboyant, du vert coléoptère), film

dont parfois je m'absente pour couler
en des fonds d'où je ne peux de sitôt
me renflouer (n'étant conscient d'abord
de ces fonds que comme fonds et non
comme absences) — et voilà aussi qu'à
je ne sais plus quel détour s'offrent à
moi, déboulent sur moi, des boucles,
un infini de boucles, de virgules, de
câbles, de nattes, de tresses, d'enroule-
ments, d'entrelacs, de virgules, surtout
de virgules, de dentelles, de dentelles
sur dentelles, une surenchère de dentelles, de torsades, d'ornements pour l'ornement, et de complications [1] indéfiniment virgulées qui me fait songer :
« C'est insensé l'ornement. C'est osé. Sûrement c'est un homme ivre qui inventa
l'ornement. » Je me rappelle une fois de
plus l'art musulman (évidemment sorti
des visions haschichines) et je me répète
une phrase du traité d'acoustique : « La
courbe d'enregistrement d'un diapason
est une sinusoïde, et la courbe des vibrations d'une corde est constituée de festons périodiques », car c'est sur tout
cela, sur des ondulations, que passent

1. Les ornements cent fois plus noués, bouclés, ondulés et
compliqués que normalement, sont à rapprocher de la façon
dont les objets sont vus par certains. — Ainsi dans l'observation de J. DELAY et P. PICHOT, B. LAINÉ et S. PERSE :
Annales médicales psychologiques, juin 1954 : « Les objets
à la périphérie du champ sont mobiles ou *ondulants*, l'armoire
se déplace, se *contorsionne*. »

en trains incessants les ornements innombrables et virgulés, tressaillements, faits
signes. La jouissance, les milliers de mi-
crojouissances que je trouve à les suivre,
à répondre à cette multiplicité d'une
affolante, phénoménale prodigalité, qui
me plie et me déplie petitement, mul-
tiplement et a quelque chose d'orgiaque,
un orgiaque farfelu, fébrile et nain.

Est-ce que le maniérisme des cata-
toniques ne serait pas en rapport avec
cet intérieur dévergondage ornemental,
avec ces virgules et virgulettes, et leurs
dentelles? Est-ce que leurs mots fiori-
turés, leur minauderie, leurs gestes et
leurs façons alambiquées, recherchées,
contournées et ampoulées ne correspon-
draient pas aux images en vrille [1], rococo, surchargées, etc...

Les visions en somme presque toujours
abstraites, ornementales m'ont épuisé [2].

Je mets un disque.

Presque aussitôt, malgré un plaisir
certain que j'y prends, la musique se
trouve accompagnée par des images gro-
tesques, pleines de postures drolatiques,

1. Moi-même j'ai « subi » trois ou quatre séquences assez
sottes, longues et de bien mauvais goût, une sur des visago-
fractures, les visago-ruptures, les visago-cassures, bientôt
abandonnées et dont l'exemple est peu probant.
2. C'est que d'une certaine façon on fait la noce avec les
ornements, les virgules et la multiplicité qui vous comble.

de danses ou plutôt de singeries cocasses, véritable commentaire et dénigrement en actes de la musique qui passe ou plutôt de ce qu'elle tendait à faire passer. A cela je reconnais la présence de l'Autre, de celui qui ne marche pas, qui rabaisse, raille, refuse, du ridiculisateur de l'âme chantante ou ravie, de l'ennemi juré de l'élan et de l'enthousiasme d'où qu'il vienne, auquel il est incessamment, aveuglément, automatiquement opposé.

En somme, 1º Les successions, à ma connaissance non signalées, d'images visionnaires, rapidissimes (du type mescalinien) et d'images *freinées*, ralenties ou *arrêtées* constituent l'originalité du L.S.D. 25.

2º Son autre surprise, son puzzle même réside dans la succession de passages d'une *grande animation* surtout verbale (ce qui est rare dans la mescaline où elle est très gênée, tandis que l'écriture est mieux respectée) et de passages de grand *ralentissement* surtout en gestes et en actes et même d'*arrêt*.

La mescaline institue en vous un nouveau tempo, mais un seul. Très rapide — trop rapide (celui des agités, des hypomaniaques). Le L.S.D. 25 a deux tempos — le mescalinien et un tempo

très, très lent — l'un et l'autre anor-
maux, psychotiques.

Pertes d'initiatives. Commencements
de catatonie. Insuffisance des stimula-
tions (sauf à la parole) [1], nécessité d'une
stimulation ininterrompue ou plus forte.

Le L.S.D. 25 à forte dose agit comme
la bulbocapnine.

Ce corps n'est pas non plus sans avoir
certaines relations avec le *Datura stra-
monium* (à en juger d'après certaines des-
criptions d'autrefois) et avec telle « herbe
de sorcier », ou herbe à viol employée
à ce dernier usage [2].

Le L.S.D. 25 me paraît surtout admirable pour l'auto-observation des disso-
lutions à différents étages de la volonté,
notamment comme intervenant dans les
opérations les plus intellectuelles, lec-

---

1. Le Dr X... dit aussi : « Je crois que j'arriverais à garder
le contact si sans cesse on me parlait. » Expérience DELAY,
B. LAINÉ, *loc. cit.*

2. Les femmes, si je devine bien, y perdent toute initiative, notamment celle de la parade, attendant toujours pour
réagir une stimulation plus forte, qui n'arrive pas, et sont
victimes avant d'avoir trouvé le moment de réagir. Elles
ont perdu aussi le plan des résistances (car il y faut *plusieurs*
actions pour *une* résistance). Autre manque dangereux, mis
à profit pour l'homme et qui peut même tenter plus d'un,
qui se trouverait là par hasard : elles ne se font plus non
plus beaucoup de réflexions sur elles-mêmes. Résister, c'est
aussi penser des choses, se sentir outragée, prévoir des dangers pour l'avenir, des complications, de la honte... Elles ne
fabriquent plus tout ça en cet état étrange et le viol est
accompli avant d'avoir été pensé (c'est-à-dire parcouru par
la pensée, avant d'avoir « intéressé »).

ture — calcul — sens et reconstruction
du passé — (mémoire) — sens et préparation de l'avenir — etc...

Grâce à son défaut subit, on comprend
par comparaison l'énorme importance
dans l'intelligence, de ce qui n'est pas
elle, de ce qui est le maniement de l'intelligence, le pouvoir sur l'intelligence.

L'importance de l'effort (capacité d'efforts — et désirs d'efforts) qu'on n'avait
guère remarqué que dans la mémoire —
et qui se trouve dans toute opération
mentale.

Qui sait? Elle pourrait être éduca-
trice en cela. — Pour certains — les
dégoûtant de la jamais simple « absence
de mémoire » où ils s'abandonnent et
se plaisent, les dégoûtant par le spectacle de cette passivité et impuissance ici
tellement exagérée qu'ils ne peuvent plus
la voir autrement que comme pauvre,
ridicule, infirme.

Les drogues toutefois enfoncent plus
souvent dans l'abandon qu'elles n'en dé-
goûtent...

Qui a lu ce livre le sait aussi maintenant :

« Extrêmement [1] » serait son nom, son vrai nom. Un insaisissable « extrêmement », un déroutant « extrêmement », un surabondant « extrêmement », un intensifiant « extrêmement », un terrifiant « extrêmement », motorisant tout, lançant n'importe quoi vers n'importe où, accélérant, accélérant, accélérant, ouvrant images en éventail, montrant comme pour la première fois les mots comme ils sont assurément, mots à valences multiples et « dé-couvrant » les idées, les idées omnireliées.

« Extrêmement » a changé les distances, a soumis semble-t-il votre propre bras, à peine reconnu, à une extraordinaire élongation. Le même « extrêmement » fait ressentir une intolérable quoique grandiose attente, ou fait voir une liane unique de six cents mètres de pendant, ou bien aussi permet de participer à la jubilation d'un monde supraterrestre, qu'on ne peut voir ni distinguer ni connaître, mais où l'on peut baigner.

Le même « extrêmement » vous jette

---

1. Son contraire est « modérément ». — Sa préparation homéopathique, qui inverse ses effets : *Mescal 12*, un des meilleurs calmants.

en impatience, en agitation, ou va, par
la poussée de milliers de lignes ascen-
dantes (ces folles de verticalité, ces folles
d'ascension) élever en moins de rien des
palais féeriques et rococo aux milliers
de tours et de tourelles, ou bien répan-
dra en votre être des voluptés secrètes
qui n'ont pas de nom et jamais n'ont
même été pensées, ou des gênes rares et
traîtresses dont on ne sait quoi attendre
tandis que paraît, fascinante, n'annon-
çant pas ses intentions, une panthère
longue comme un câble, qui s'étire de
tout son long, qui s'étire de plus en plus,
qui ne cesse de s'étirer.

Rien n'est modéré. Une peur démentielle, à quoi on ne peut plus échap-
per, devient (après l'arrivée d'un mot ou
d'une idée de traverse [1] ne vous appar-
tenant même pas), devient un torrentiel
optimisme, auquel il ne faut pas moins
se soustraire, dangereux, plein, prêt à
vous faire marcher sans hésitation sur
la surface des eaux.

1. Télépathie vérifiée plusieurs fois. On reçoit trop facilement des images, des idées, devenu celui qui reçoit l'empreinte
de loin. Bien plus peut-être qu'on ne le pense. Comment
savoir? Pensée d'un autre, comme la vôtre, arrive sur le
plateau. Semblablement. N'apparaissant pas moins naturelle : toute image aussi. Toujours « elle vient », soudain
« *faisant apparition* » sur l'écran de la conscience. De quelles
coulisses de votre théâtre vient-elle? Ou de quel lointain
cerveau occupé à une recherche?
Indiscernable l'une de l'autre. C'est vexant.

Ici pas de simple inclination. Si on sympathise, on se perd soi et l'on tombe dans l'abîme d'autrui.

Une tentation qu'on subit ne donne plus le choix. On y est précipité, englouti, dans un mal en pleine vie, dans un mal en expansion... où un démon immanent aussitôt actualisé vit seul sur l'effondrement du moi.

Mescaline, mécanique d'entraînement. Diaboliques, les vibrations infatigables, qu'il semble qu'on chevauche et le rodéo dure huit heures, c'est-à-dire un siècle.

Proposition incessante à participer à « extrêmement ». Qui pilotera « extrêmement »? Qui va jouer avec elle? Impossible à « extrêmement » de donner peu.

L'infini est là. Jamais ne fut si près, si évident, si convenable à vous, si répondant, ou bien vous, répondant à lui... mais ne sachant quand même pas très bien comment y rester.

Distraction, ennemie de l'infini, est partout. Comment s'en garder? Impossible d'avancer longtemps en ligne droite.

Il faut pourtant apprendre.

Dans l'ancien Mexique [1] grandes étaient les précautions prises pour n'être

---

1. D'ailleurs l'alcoolisme y était puni de mort, tandis que le peyotl, l'aliment des dieux, participait de la religion.

pas distrait. Seulement après une période d'abstention de sel, que suivait un jeûne strict, que suivait la cessation de toute relation même innocente avec les femmes (la femme, n'importe ce qu'elle est pour elle, est pour l'homme religieux la fâcheuse dérivation, celle qui empêche le Théotropisme) [1], seulement alors venaient le pèlerinage et les cérémonies où le peyotl était consommé et ce monde quitté pour l'infini.

L'infini [2].

Tout y conduit... et tout en distrait infiniment, voilà le drame mescalinien.

Mais tout y reconduit.

Le mécanisme mental régulièrement est entraîné à lui et l'infini toujours se trouve au rendez-vous. Étrange cela, étrange. Infini comme un fait physique, comme la mer pour laquelle trouver il suffit de quitter la terre.

(Mais non substance. Infini aussi par fuite et par inarrêtable approfondissement...)

---

1. Le récit du célèbre Carl Helmholz qui suivit les Huichols en pèlerinage ne montre pourtant rien de bien extraordinaire.

2. « Le peyotl aide à adorer », répond simplement un des fidèles à un enquêteur contemporain qui d'ailleurs s'est converti au culte et aux pratiques des Menominis. (« Menomini Peyotism ». *Transactions of the Philosophical Society*, Philadelphia, 1952, *History of Peyotism among the Menomini*, par le professeur J. S. SLOTKIN.)

Étrange.

N'a-t-on pas perdu son temps à examiner la mescaline — et perdu un autre temps à se juger et dépister soi-même à l'aide de la mescaline?

Celui qui plus simplement s'est débranché du fini, des jouissances des contrôles du fini, qui s'est soumis, a mieux agi.

Tandis que l'enfer vibratoire est devenu paradis vibratoire et que le nouveau « milieu » déplie ses plis à l'infini, il éprouve en son être étonnamment et rythmiquement frappé, tout simplement l'immortalité, qui est immutabilité, qui est retour indéfini, rendue évidente par l'invincible continuation caténatoire ressentie.

Ivre, possédé, il ne se demande plus quoi faire avec l'infini, s'il faut l'aimer, l'adorer, s'y confondre, ni si c'est une illusion ou un faux, ou une étape seulement, ou promesse ou déjà son nirvana — il est submergé et emporté à la fois par la vague dont il questionnait la nature. Ayant dépassé la question, l'aliment des dieux le nourrit.

Mais quelle étrange chose tout de même que ces raccourcis!

Infini mal mérité.

LE PROBLÈME D'ÉROS
DANS LES DROGUES
HALLUCINOGÈNES
1964

Le peyotl, lorsqu'au Mexique, à la fin du siècle passé, on redécouvrit avec son existence, son culte, avait un usage réduit, exclusif, religieux.

Rares étaient les tribus qui l'utilisaient encore : les Huichols, les Tahahumaras.

Les Huichols, une fois l'an, se rendaient aux lieux où on le trouve, sur nu lointain plateau désertique. C'est pour se rencontrer avec le divin, qu'ils y allaient.

Plante pour l'ignorant, *Échinoccactus Williamsii* pour le botaniste, le peyotl pour qui sait, est dieu, un dieu qui partage sa divinité. En effet on le mange, on l'absorbe, on le consomme et alors le dieu qui divinise ne tarde pas à se manifester, en lumières surnaturelles...

Mangeant d'un cactus, les Mexicains recevaient un dieu en partage.

Le peyotl,
le divin
divinisant.

en une sorte de promesse et d'avant-goût d'immortalité, de pérennité, et aussi en couleurs, de toutes les nuances d'un éclat et d'une finesse dont l'homme, livré à sa seule imagination, est manifestement incapable.

Telle était en ce temps la destination du peyotl : religieux, mystique (le fait d'un peuple pour qui la plupart des choses sont reliées et significatives), surtout convenance naturelle d'une plante, qui porte au divin [1] et presque l'apporte.

Elle réunit en effet dans son action les composantes de l'émotion religieuse : l'impression profonde d'être à tout mystérieusement relié, l'impression profonde d'au-delà, d'à-jamais, l'impression profonde de vivre une vie extra-corporelle, et hors du temps, de participer à l'Absolu, au Perpétuel.

Dieu, et rendez-vous des dieux, le peyotl, pour le Huichol, « coupe où boit le dieu du feu [2] », est apporté par « notre frère aîné, Gros Hicouri, qui va en tous lieux [3] », dieu de l'air, c'est-à-dire, le vent. En relation avec la pluie, avec le

1. Un divin *lumineux* qui dans un pays qui eut toujours le culte du soleil et de nombreuses divinités stellaires devait avoir des résonances (les lumineux, les *devi*, premier nom aussi que les Hindous donnèrent aux dieux).

2 et 3. ROUHIER, *Le peyotl : la plante qui fait les yeux émerveillés.*

maïs, le peyotl est encore cerf ou daim.

Dans un plus lointain autrefois, avant l'occupation des oppresseurs venus de l'Occident, le peyotl avait son usage au matin des batailles, lorsque la guerre entre eux était encore chose sacrée. L'impression d'immortalité, d'invulnérabilité les faisait aller au combat avec une intrépidité incomparable, et s'il arrivait quand même qu'ils dussent mourir sur le champ de bataille, c'était pour devenir plus sûrement que tout autre guerrier « compagnons de l'aigle », c'est-à-dire « compagnons du soleil ».

Le peyotl, à certains, découvrait des choses qui étaient cachées ou situées au loin, ou leur ouvrait le temps, rendant visibles des événements encore à venir. Y avait-il ivresse d'une autre sorte? On ne le sait. Peut-être. L'aurait-on parfois mêlé à certaines substances? Sûrement pas (ou ce serait récent) avec l'alcool [1],

l'Impression d'immortalité.

au combat l'impression d'invulnérabilité.

impression d'incessant d'inarrêtable prolongement.

---

1. Selon SAHAGUN (*Histoire générale de las Casas de Nueva Espana*, t. I, p. 185 et t. II, p. 99 *sqq.*, cité par Jacques SOUS TELLE, *La vie quotidienne des Aztèques*, 1955), l'alcool était tenu en abomination.

« Cette boisson, déclarait l'Empereur en s'adressant au peuple, le jour de son intronisation, cette boisson qu'on appelle » octli » (à présent, le *pulque*, jus fermenté de l'agave) est la racine et l'origine de tout mal et de toute perdition. C'est de l'ivrognerie que procèdent les viols, la corruption des jeunes filles, les incestes, les vols, les crimes, les malédictions et les faux témoignages, les calomnies, les rixes. Tout cela est causé par l'octli et par l'ivrognerie. »

qui au temps des empereurs aztèques, loin de juger son ivresse « divine » (ils ne faisaient pas pareille confusion), la punissaient sévèrement, comme étant gravement malfaisante.

Selon Lhumoltz qui, vers 1890, put observer sur place les Huichols et accompagner un de leurs groupes, lorsque le peyotl sur un pèlerin manquait son effet « religieux », par le fait, pensait-on alors, de sa mauvaise préparation, cela ne se faisait guère remarquer que par des accès de rires intempestifs, une agitation désordonnée, des cris, des courses folles.

Rites afin d'être pur pour absorber la plante spiritualisante.

Les femmes avaient été laissées au village et, avant même le départ, la continence était observée. On s'était purifié, et plusieurs confessés (de la grande confession mexicaine qui absolvait de tout, mais ne se pouvait faire qu'une seule fois dans le cours entier de la vie). On s'abstenait de la plupart des aliments, afin d'être « pur de corps et d'esprit [1] ».

Comme pour le Soma en Inde, sans

Les peines prévues étaient terribles. Exemple : « ...un homme ivre qui se promenait en chantant ou accompagné d'autres ivrognes, s'il était plébéien, on le châtiait en le rouant de coups jusqu'à le tuer, ou encore on l'étranglait devant les jeunes gens du quartier, pour faire un exemple. Si l'ivrogne était noble, on l'étranglait secrètement. »

1. Carl LHUMOLTZ, *Indians of Mexico*, 1890.
2. Selon l'expression de Rouhier.

être de loin aussi méticuleux, il y avait
un rituel directeur qui maintenait dans
un certain cadre spirituel. D'ailleurs, le
fidèle était toujours lui-même entouré
de fidèles, porteurs souvent des marques
de l'officiant.

Tout empêchait une diversion person-
nelle.

Vint l'Occidental. Revint. D'un tout
autre type. Sans armes cette fois, mais
toujours aventurier, avide non plus d'or
et de répandre sa religion, mais de science
à présent, sa nouvelle grande affaire.
Excité toujours et encore profanateur,
mais autrement, profane qui traîne le
profane avec lui, qui, n'attendant plus
que du profane, ne va plus rencontrer
que du profane.

Sur le champ désanctifié, le peyotl
allait devoir servir.

Déchu, le nopal nain allait encore leur
montrer des mondes. Il n'avait pas fini.
On n'arrivait pas à le rendre médiocre.
Cependant, un peu plus tard, tout dieu
qu'il était, ne le trouvant pas assez fort,
ils le manipulèrent tant et tant qu'un
beaucoup plus fort fut tiré de lui.

Devenu mescaline, le peyotl, son culte

*Condensé,
le peyotl
devient
mescaline.*

abandonné, mais toujours cependant le
plus pur des divinogènes, ne se montrait
plus si volontiers divin [1]. Son pouvoir
infinisant toutefois jamais il ne l'aban-
donnait tout à fait, le montrant clairement à ceux qui savent voir et indirec-
tement et comme traîtreusement à ceux
qui voulaient s'amuser avec lui.

Tout en effet n'est pas, tel quel, infi-
nisable, ni intéressant à infiniser. Soudain, par surprise, dans une séquence
inoffensive, le badaud confiant, subitement mystérieusement « embrayé », se
trouvait entraîné à une allure folle, incapable de se débarrasser de l'affolant qui
le harcèle et de sortir de l'infernal invisible véhicule qui l'emporte.

1. On a récemment entrepris en Amérique des centaines
d'expériences religieuses à partir de la mescaline et de
l'acide lysergique.

Après interrogatoires — enquête même — une sélection
est opérée parmi les candidats, et ceux qui ont été retenus
sont préparés en vue de la grande libération.

Toutefois quelque chose cloche. A lire telle ou telle com-
munication de néophyte (paraissant même en volume), on
demeure interdit souvent devant la vulgarité, le manque
flagrant d'élévation, d'intériorité, d'exigence et par l'inconscience à parler, avec un ton de courtier et d'animateur, au
nom de l'Amour infini, de la Vie sans ego, de l'Illumination.

On songe à des journalistes qui eussent été invités à la
Crucifixion.

Ce nouvel objet de scandale et de dégoût en matière de
religion doit faite réfléchir.

A consulter *Psychedelic Review* (Cambridge, Mass.), utile
source d'informations critiques et parmi les livres vala-
bles *Joyous Cosmology* du philosophe Allan Watts.

Peyotl et mescaline, il faut le répéter, ne valent vraiment que par la transe. Le reste est imagerie, distraction, morcellement, piétinement, ratissage, emportements, impatiences, dysharmonies, dérapages, renversements, éparpillements, échantillonnages, successions infernales qui font en somme destruction. Destruction faute d'arriver à la transe, seul état qui soit viable dans les drogues et les rend supérieures au lieu de brisantes et d'indéfiniment déroutantes.

Qu'est-ce que l'extase? C'est dans l'âme une unité exceptionnelle au point de paraître miraculeuse, où, sans la plus petite, la plus infime exception, tout va dans le même sens. S'il y a images ou passage d'idées, s'il en vient de conscientes, elles passeront dans une harmonie univoque, d'où toute ambivalence, toute opposition, toute critique, toute hétérogénéité est rigoureusement absente, où même un rapport quelconque avec l'altérité est totalement invisible, état nivelant au-dessus de toute mesure ou appréciation, ou dépréciation, unité impensable à qui ne l'a pas connue, quand bien même description en serait faite cent fois, forcément insuffisante, inouï condensé qui va tout seul, autonome, inarrêtable.

La transe extatique.

Comblé par une unité parfaite.

Cette extase n'est possible qu'à la condition que l'ardeur et le sentiment d'expansion soient immenses, que l'objet, de limité devienne illimité, de personnel devienne impersonnel et qu'ils aillent dans une des directions majeures où se manifestent les grandes exaltations humaines, devenant ainsi ou élan d'amour avec don de soi, ou élan héroïque, intrépidité, avec oubli de toute prudence et de sa propre conservation, ou enfin élan vers compréhension totale et illumination (par vacuité, purgé de l'ego).

Je n'ai pas, dans ces exaltations fondamentales et archaïques, rencontré [1] l'élan de haine, ni moi, ni personne de ma connaissance. Elle doit être peu commune, rarement pleine, moins faite pour combler que je ne l'aurais cru, et, dans la vie et dans le subconscient même, plus fragmentaire, provisoire, passagère qu'il n'y paraît. Il conviendrait toutefois d'essayer la drogue, de façon massive sur tel de ces indomptables qui donnent

---

1. Il paraît invraisemblable que la complétude par la haine manque toujours. Je songe à certains aliénés agités, briseurs et destructeurs; à un, que je vis lié, maintenu impuissant, qu'habitait une telle concentration de haine que son regard, vierge de tout autre sentiment, était proprement insoutenable. De son œil dur comme un caillou, partaient comme des balles. C'était une haine, horrible à en prendre conscience, pure, à quoi on ne pouvait opposer rien qui vaille et qui devait bien correspondre, semble-t-il, à un état totalitaire de l'esprit.

leur vie à la malfaisance et n'en finissent pas de tirer vengeance des autres, de la société. On aurait peut-être des surprises.

C'est la peur (chose curieuse) qui, plus que la haine, attend ceux que l'amour n'a pas satisfaits, et qui, cauteleuse, s'installe au fond d'eux, et qu'un jour un accident, une mésaventure grave ou une drogue dégagera et fera apparaître aux yeux surpris de tous. Sous forme de délire de persécution, de phobies, elle deviendra étrangement présente, faisant revenir l'impression d'impuissance de l'enfance.

Mais alors pourquoi, dans la drogue, ne rencontre-t-on pas — et constamment — la transe de peur, l'effroi total? Réponse : Qui aspire à être comblé de peur? Qui ne fuit devant l'abjecte peur absolue? Dans la mescaline, on la fuit tant qu'on peut et dès qu'on l'aperçoit. Parfois, dans une séance malheureuse, elle est là à tous les coins, qui vous guette, et on passe son temps à des dérobades sans nombre, dans des combats d'avant-garde et d'arrière-garde qui ne sont que pour mieux « se tirer de là », de la bouche d'épouvante qui tend à vous entourer tout entier.

Aussi est-ce avec un soulagement par-

ticulier qu'arrivé dans d'autres eaux on
retrouve le bénéfique (êtres, objets, lieux
qu'on peut aimer et qui donnent envie
d'aimer), ici, presque indispensable. Ce
serait donc si vital, d'une si réelle nécessité? Apparemment. Aimer va avec
félicité (et confiance), comme peur va
avec terrifiant. Dans l'ivresse mescalinienne, la peur fait presque immanqua-
blement apparaître aux yeux de l'imagination le spectacle terrorisant. Aussi
faut-il s'orienter, et extrêmement vite,
car le manichéisme incoercible de la
drogue ne permet plus l'indifférence et
la distraction, ni d'aller et venir de
l'agréable au désagréable, sans se fixer.
Finie la promenade, la libre circulation.
Selon l'idée de rencontre on est brusquement aimanté et presque invinciblement
happé par un des deux pôles, soit le
bienfaisant, soit le malfaisant. On ne
pourrait se laisser aller impunément à
une crainte, comme il arrive dans la
vie, et plus encore dans les histoires
effrayantes, récits de brigandage, de
guerres, de pillages, drames et mélo-
drames ou romans dits policiers, où l'on
joue à avoir peur un certain temps,
jusqu'à un certain point « en suspens ».
Ici, pas de suspens, on est précipité. On
risque son esprit à accepter la peur, qui

devient aussitôt épouvante, où l'on tombe, projeté.

Le bienfaisant donc est urgent, nécessaire, capital, et l'amour, qui est soif du bénéfique.

Il ne s'ensuit pas que l'amour, quoique présent en tous, même en ceux qui croyaient s'en passer ou qui lui étaient, pensaient-ils, devenus indifférents, sentiment de base que la drogue confirme, lié à l'aspiration au bonheur, présent en certains de façon obsessionnelle, — il ne s'ensuit pas que tel quel, et que n'importe quel amour donne une transe amoureuse. Loin de là.

Pour que cette extraordinaire unité exaltée se fasse en l'être, il faut que l'amour avec l'accord et le désir secret du sujet se désubstantialise, pour devenir un au-delà d'amour. Sinon la mescaline l'écarte d'un coup, le met de côté, passant sans le voir, sans se laisser mettre en train sauf, quelquefois, par quelques brèves rafales d'images, qui sont comme mitraillades et railleries.

La dépossédante mescaline donne de multiples mauvaises surprises à ceux que leur nature possessive rappelle. Même impérieusement brisés, ils résistent encore à se donner absolument, comme il le faudrait, de façon à n'être plus là,

Un au-delà d'amour.

Ce qui se passe si on le manque.

car qui est, est obstacle. Ici c'est l'amour universel, quoique inattendu chez beaucoup, qui est le mieux, le plus vraiment ressenti, l'amour *transcendental* n'étant que très, très, très rarement atteint, pas absent non plus, « en vue ».

Pour la transe d'amour érotique, elle n'arrive guère. En presque tous ceux qui s'y essayèrent, il est resté instable, imparfait, partiel. Donc il n'y avait pas transport véritable, seulement entraînement à. Même ainsi, pas question que la mescaline atterrisse. Elle ne peut s'alourdir.

érotique
électrique

Son infinisation l'en garde, et son impersonnalisation. C'est l'érotisme qui va changer, érotisme devenu électrique,

quand
l'électrique
soudain pénètre
la fluviale
lasciveté

fluide qui n'aura plus rien des complaisances de la nature libidineuse. Une autre et suprême force l'a attrapé, qui va de plusieurs façons la marquer, la faire dévier. Lorsque la mescaline au plus haut de son intensité se précipite

s'intercale
s'intercale

sur une nature sensuelle qui espérait bien jouer avec elle le jeu amoureux,

érotisme en
dents de scie
érotisme
comme séisme
un invraisem-
blable
émiettement

et d'un coup lâche son inouï tremblement multiplié, galvanisant, dans le fleuve des langueurs, dans le mol courant berceur, qui devient aussitôt comme un torrent, comme une cataracte, où elle s'intercale en des milliers de points, et qu'elle traverse, divise, atomise, ce n'est vraiment plus de sensualité qu'il s'agit, mais de toute autre chose.

Divisé, le sujet se sent aussi multiplié. Carrefour, lieu d'intersection de cent courants sauvages, pris par des tiraillements et des aliénations-éclairs, il a affaire aussi à une gigantesque poussée, qui serait comme pour aboutir à une assomption, une assomption médiane, horizontale. Un je ne sais quoi l'entoure qui a une allure grandiose, un style d'esplanade, qui toute médiocrité, ou gêne a fait disparaître. Au point qu'il aura l'impression que le monde entier pourrait y assister à présent, tant l'événement est important, important, solennel.

travestissements dépassement assomption, solennisation de l'érotique.

Chaque trait érotique quoique présent sans doute, pris à partie lui échappe, transmué, méconnaissable.

Plus que tout, le temps extraordinaire de la mescaline s'entend à cette transformation, temps si nouveau qui est tel qu'observant au cadran d'un chronomètre, l'aiguille des secondes, il la croit d'abord arrêtée, tant elle est lente à passer, à franchir une distance que mentalement il franchit vingt fois, aller et retour, intervalle durant lequel il lui est venu il ne saurait dire combien d'idées, tandis que la marque horlogère du temps

Constellation de plaisirs

reste toujours inexplicablement en arrière.

Pas d'abandon
Plus d'abandon

Il n'est pas jusqu'à ce moment unique d'abandon, cette oasis où s'achève l'amour physique et dont le propre est de faire disparaître tout comme par enchantement, qui ne subisse une transformation stupéfiante. L'éclipse de la conscience attendue, n'apparaît pas.

Orgasme criblé,
en marches
d'escalier

La mescaline qui mettrait de l'attention dans un pavé, la mescaline donc, à travers cette pause par excellence dont elle fait des centaines de moments, poursuivant sa course folle et follement vigilante, sans lâcher le phénomène, mais le détaillant, et l'orgasme même, de la frappe de son entêtant compteur à microsecondes, détache, montre et dénombre les innombrables ou au moins les multiples présents dans le moment terminal. Le sujet, abasourdi autant qu'exalté, assiste à la prolongation de ce qui toujours a été jugé impossible, à sa répétition. Il ne comprend plus. Il cherche où est l'erreur, le délire. Mais l'instant suprême se répète, se répète, c'est certain, se répète comme ferait la pulsation d'un autre cœur magiquement installé en lui uniquement pour la jouissance, phénomène prodigieux, à la longue tout de même, sûrement devenu non-

se répète
se répète
indicibles
saccades
mentales

événement
paraphysique

en ricochets
en pulsations
un cœur
pour spasmes

organique, mais qui dans le tréfonds de
l'être tressaille encore et continue à
battre d'une pulsation métaphysique.

Ceci n'est qu'un des travestissements
que la mescaline avec ses extrêmement
minces particules de temps introduit et
opère, par sa seule présence, créant entassement d'existences dans une existence, entassement de minutes dans une
minute, entassement de secondes dans
une seconde, désagrégeant le compact,
émiettant l'unique.

Voilà l'étrange défiguration qu'ont
connue, médusés, quelques-uns de ceux
qui dans le mobile transsubstantiateur
et infinisant voulurent garder le charnel,
ne le purent pleinement, peut-être ne
l'osèrent [1], les obsédés sexuels même
étant fréquemment des hésitants. Devant le gouffre d'Éros ils ont pu avoir
un mouvement de recul, retenus par un
remords, un souvenir de pureté (un sur-
moi pas d'accord), ou simplement de-
viner qu'il y a mieux à faire. Dégoû-
tés peut-être aussi par cette inattendue,
incomparable révélation de leur « en
dedans ».

Spectaculaire psychoreprésentation,
cet étalement dévergondé de soi est

1. Sans non plus le quitter carrément, érotisme : refuge
contre la peur, érotisme par prudence, par lâcheté.

unique, ils y assistent. Jamais ils
n'eussent pu autrement le voir, ainsi,
en pleine lumière [1], en pleine actuelle
vie. A eux d'en tirer la leçon, de comprendre ce qui les a amenés là [2], d'apprécier si c'est vraiment dans leur ligne.

Révélatrice de l'humeur, la mescaline,
grâce à ses rapidissimes alternances, mécanique et hachée, met aussi en évidence et illustre de sa façon particulière
et particulièrement désagréable l'ambivalence du sujet, ses désirs et ses réti-
cences.

L'infinisation, celle-là surtout, on ne
s'y habitue jamais. Une jeune femme,
M. S., après une expérience, me communique :

« J'étais au bord d'une mer inconnue.
Les dernières vagues de cette mer sur
le rivage m'atteignaient. Chacune de ces
vagues me roulait, m'enveloppait, m'enveloppait et me mettait en jouissance,
non, à l'extrême bord qui précède la

1. Personne ne peut savoir ce qu'il *y a* dans le subconscient, mais seulement ce qu'il y *passe* à un moment donné,
y repasse, y passe fréquemment, ou plutôt qui en vient.
Raison pour laquelle une séance sous drogue est toujours
et à tout moment une surprise.
2. Sur l'importance des *traces biologiques des habitudes,*
voir *La morale dans son rapport avec les faits biologiques.*
Dr Henri SAMSON, de Montréal, *Limites de l'humain* (Éd.
carmélitaines).

jouissance, et à ce moment, brusquement
se retirait, se trouvait retirée et je restais seule, insatisfaite, puis revenait la
mer comme une respiration, les vagues
roulaient jusqu'à moi et me renversaient
et me mettaient presque en jouissance,
une jouissance qui eût été inouïe, fantastique, elle arrivait, était là, quand le
reflux avec brusquerie la reprenait; et
je restais là, insatisfaite, martyre et puis
la mer revenait, avec élan, rejetant ses
vagues vers moi, m'enroulant, cette fois
sauvée, me retournant, m'arrachant,
quand, à l'instant même de l'abandon,
la vague partait, était partie; puis ces
vagues revenaient, revenaient... et j'étais
là, pensive, rêveuse dans la vague qui
cette fois m'enlaçait, allait me combler,
quand, mais de plus en plus vite et de
moins en moins une vague d'une mer
véritable, de la mer salée de nos plages,
mais une mer, immatérielle, rapide, rapide, rapide, presque me roulait à mort,
me rejetant tout de suite avant la fin,
me reprenant amoureusement, me rejetant... »

*happée par
le va et vient
infernal*

Il s'agissait dans ce cas, il est vrai,
de haschisch, qui a lui aussi des effets
infinisants, mais plus faibles, habituellement masqués par d'autres, qui inté-
ressent davantage ceux qui entendent

ne pas se retrancher trop du terrestre.

l'irrespectueux Haschich et l'amour.

D'autre part, il est ordinaire au luciférien Haschich, de montrer peu de religion et beaucoup d'irréligion, peu de céleste et beaucoup de paradisiaque, peu d'élévation et beaucoup de lévitations, et en général d'être à ce sujet comme sur tant d'autres pour « l'envers des choses », en amour même, railleur, souvent blasphémateur et profanateur.

Certes à Éros, il n'est pas indifférent. Il rôde autour. Pas difficile de le tenter et on l'a tenté et bien plus et bien mieux que les écrits publiés ne le révèlent [1]... Mais il a ses réponses à lui, bien différentes de celles que le haschisé attend.

Sans doute des barrières tombent. Une certaine retenue est même comme escamotée. Plus d'embarras. Voici le corps libéré, mais ce n'est plus le même. Quelque chose en a glissé et pas seulement du sien. Les corps autour de lui bizarrement ont « perdu du corps ».

Inversement, des signes, des traces de quelqu'un d'absent « prennent corps ». D'une peinture obscure, d'une mauvaise

1. En littérature haschichine, à peu près pas de description érotique valable. Dans le célèbre recueil de contes orientaux, et malgré de l'osé et de l'énorme, la nuit érotique du haschich est une des plus ennuyeuses des ennuyeuses *Mille et Une Nuits*. Aucune sensualité diffuse. Seulement la mentale et l'exposé inexpressif d'un quantitatif phénoménal.

petite photo la personne représentée émane, vit, vient, se présente à lui, plus réelle qu'elle ne fut jamais à aucun des siens, mais sans la lourdeur du réel, transformation à la ressemblance de la soudaine délicieuse expansion qui lui est venue, bonheur qui le rend léger, ou légèreté qui le rend heureux, délivré, dans l'état (mais en beaucoup mieux) [1] de « celui qui vient d'apprendre une nouvelle qui le comble de joie ».

Il n'est plus retenu, se sent soulevé, presque s'envolerait et, s'il tenait les yeux fermés, ceux de son imagination lui feraient peut-être voir des hommes voguant sans efforts en l'air, portés sur des tapis ou des divans. Tout est ressenti dans l'aérien. Perdus le poids et la lourdeur, qu'est-ce qui ne devient pas différent? Le nu n'est plus un nu, mais un éclairage de l'être. La masse ne compte plus. Le corps est une traduction de l'esprit et le caractère un centre d'aménagement de courants. Ventre ou sein, c'est toujours du psychique qu'il touche, qu'il atteint, ou plutôt et plus souvent des fluides à la densité surprenante.

Cependant les personnes réelles qui

1. MOREAU DE TOURS, *Le haschich et l'aliénation mentale*.

l'entourent le gênent plutôt qu'elles ne
l'aident dans la transsubstantiation générale. Drogue du pauvre, du démuni,
il se passe bien de personnes réelles, le
haschich qui avec presque rien fait de
la présence, dont c'est le génie de faire
de la présence, lui qui a le don de vie.
Lui donner du réel, c'est apporter de
l'eau à l'océan.

Non, c'est dans les signes, les représentations peintes ou photographiées, auxquelles instantanément presque il donne
vie, qu'il excelle. (Quoique sans aucun
support, en visions intérieures, les yeux
fermés, il soit encore plus extraordinaire,
sûrement plus singulier, plus ahurissant,
mais contradictoire, versatile, ingouver-
nable.) Avec le signe, on l'apprivoise, on
le retient. Il convient donc de bien choi-
sir le lieu de ralliement qu'on lui propose.
L'Orient était savant, paraît-il en ces
choses, et l'on avait des organisateurs
du spectacle. (Même pour les visions
intérieures, il y avait des directeurs, des
conseillers, qui savaient écarter du sujet
les visions d'horreur, les illusions de mort
et de chute dans les précipices, d'empri-
sonnement, ou encore le dégager quand
il s'y trouvait pris.)

Mais le décor dont a besoin le haschisé
est peu de chose. Le plus mince, le plus

atténué des supports est le meilleur. S'il
est recommandé de lui tendre la perche,
c'est avec la plus pauvre image. Il fera
le reste, le fond, la beauté, la liaison,
l'atmosphère, la palpitation de la vie,
le charme. Il « fera illusion ».

Avec la forme d'une fille dessinée dans
le sable, il peut faire la danseuse envoû-
tante qui lui sourit, avec le mauvais
dessin grossièrement colorié de quelques
fleurs et de deux ou trois oiseaux, il
peut faire un jardin enchanteur où, parmi
les fleurs aux couleurs harmonieuses des
oiseaux pleins de vie voltigent, des tour-
terelles roucoulent, des paons font la
roue. Aux sons d'instruments de musique, harmonieux jusqu'à en avoir mal,
le loqueteux qui a pris la pâte inébriante
se trouve transporté dans un palais royal
dont on lui a montré seulement les lignes,
le tracé ou décrit l'histoire. Mais qui
désire encore voir un palais? L'homme
d'à présent ne veut que regagner le
merveilleux, le merveilleux de la vraie
étrangeté. Des milliers et des milliers
de « reproductions » de toutes sortes, et
de tous pays à lui accessibles, donnent
une chance inconnue autrefois. En chacune d'elles il peut rejoindre une irréelle
réalité. Les incursions que le haschisé
fera dans un tableau ou une photo sont

toutes nouvelles. Les images ont un pouvoir neuf, un pouvoir de liaison. Surtout les visages peints ou photographiés. Le miracle, à qui les regarde en cet état, d'être avec eux, aussitôt, aussitôt familiers, aussitôt ensemble, le miracle est là, inépuisable, impression chaque fois fascinante.

Le haschisé bascule dans l'autre (dont pourtant il n'a que l'image) et l'autre ruisselle en lui, fine, vaste, organique complicité.

multiforme toucher psychique

L'adaptation psychique du haschisé et de la personne qui « sort » de sa photo est parfaite, ne laissant rien à désirer, et elle est de tous les instants. Incroyablement nuancée, d'un accord à chaque fraction de seconde, repris, rétabli par une subtile modification qui empêchera même le plus infime « détachement » (ce qui en fait le pouvoir hypnotique). On avance du même pas, exactement. Il peut enfin totalement s'abandonner, car l'image à la vie suscitée n'est pas du tout capable de grande initiative. Pas à craindre qu'elle soit gaffeuse, contrariante, elle est essentiellement harmonisante, vibrant sur place. (Certaines faces dangereuses se révèlent répulsives. A écarter tout de suite.)

Il voit il touche le rayonnement humain

la parfaite communion imaginaire où l'on va du même pas.

Quoique les visages soient infiniment

plus parlants que le reste, il est une tentation reconnue, celle, avec des images
de nus de se trouver parmi les nus, des
nudités désirables [1]. Elles aussi alors se
mettent à vivre, à être là et le haschisé avec elles et sans la moindre gêne
d'être ensemble. Même là le subconscient, éveillé par le haschich [2], contra-
riant et libérateur, peut donner quelquefois une révélation inattendue. Devenu
plus lui que lui-même, libéré sans qu'il
le sache encore, porté par un élan extrême
mais qu'il ne ressent peut-être pas (plus
tard il en sera stupéfait rétrospective-

1. Est-ce trop parler de sexualité? Ici non.
Par la drogue le sujet a perdu son équilibre. La sensuali-
sation du corps à laquelle il fait appel est un rééquilibrage.
Elle noie les malaises. Une simple atmosphère voluptueuse
y suffira parfois. D'autres fois, il ira plus loin, mais il ne
passera plus à travers des épreuves de la drogue sans elle.
D'où une liaison, un conditionnement qui peut changer sa
vie. Souvent dans le malaise mental comme dans la maladie
mentale, mais en moins contraignant, l'érotisme a une
nouvelle « raison d'être ».
Dans les asiles, de tous temps, des aliénés ont été observés
qui sollicitent sans trêve leurs organes génitaux jusqu'à,
toutes forces perdues, n'être plus que loques. Ne peut-on
penser, surtout lorsque l'on songe à l'air morne de certains,
si loin d'exprimer une explosive aphrodisie, qu'ils essaient
de cette façon simple et à leur portée immédiate, en s'adressant à une fonction qui a fait ses preuves, de dominer, dépasser, ou seulement supporter l'intense impression de misère
et de dissatisfaction atroce qu'ils éprouvent, à quoi il faudrait — ils le sentent — et d'urgence, opposer une vraie
satisfaction, qui balaye tout. Mais c'est un échec, le mal alié-
nateur étant plus grand, plus constant, plus fort et il ne
s'épuise pas, lui.
2. Libertin parce que libérateur, mais pouvant libérer aussi
du libertinage.

ment, sur le moment il trouve ça tout naturel), le sujet fait — changement subit — à une de ces personnes qui n'en valait pas tant (mais le sait-on vraiment?) le don de lui-même, le don sans réserve.

Peut-être est-elle une prostituée, la fille dont il a trouvé la photo, ou une danseuse qui a assassiné pour voler. N'importe! D'un œil pur et purificateur, purifié par surprise, ayant dépassé ce corps qui devait le conduire au désir (qu'il ressentait déjà), il la contemple. Même nue la femme a besoin d'être « dé-couverte », découverte de la couverture de son quotidien, de la médiocrité de ses habitudes, de son train-train issu de ses compromis. De tout cela l'ayant dégagée, il la voit, elle, son être, son caractère unique, sacré presque, d'un sacré virtuel, possible, qui malgré sa vie habite en veilleuse en elle, — lié à une aspiration profonde, — trop profonde pour être vue par des regards ordinaires, trop profond même en elle pour que sans un choc miraculeux elle l'aperçoive, mais que lui, momentanément doué d'une double vue, perçoit, reçoit comme la lumière du jour succédant à la nuit, être en attente de la grâce transfiguratrice. A cette personne, vue en son essence, dont l'avenir, malgré

de désirable à sacrée

d'amour à dévotion

l'apparence, n'est pas encore joué définitivement, pas totalement gâché, il veut se donner, envahi par une vague impossible à retenir, besoin soudain, exorbitant, qu'il ne peut limiter, besoin de *se dévouer*, plus même, besoin d'une *véritable dévotion*.

Bêtise? Lucidité?

N'y a-t-il pas quelque chose en elle, comme en toute femme, qui attend la transfiguration? Un être humain est toujours extrêmement en dessous de ce qu'il pourrait être.

Malgré l'apparente erreur, il voit peut-être mieux que le médiocre, lequel n'enregistre que du médiocre. Lui, il voit le dépassement, l'être tout à fait au-dessus de sa condition présente, la femme qu'un accueil comme le sien, mais plus grand, plus absolu, plus saint, plus persévérant, la révélant à elle-même, transfigurerait *réellement*.

Sans doute le don de lui-même sans restriction, à présent éprouvé dans sa complétude, peut-être en avait-il eu envie toute sa vie, sans le pouvoir satisfaire, toujours empêché par quelque chose, envie immense, qui n'attendait qu'un abandon parfait, cœur qui d'un simple amour ne peut se contenter. Ridicule... à un moment où il espérait vivre parmi les nus!

Mais il ne peut se reprendre ni reprendre le don qu'il a fait [1]. L'action entraînante reste souveraine.

Le traître haschich qui sait si bien duper a agi ici dans un certain sens, quoique le sens opposé lui soit plus habituel. Le haschich n'a que trop souvent fait montre de perversité, et les pervers savent l'aider. La redoutable faculté de donner vie a fait à certains haschisés rassembler les images des plus disparates personnages afin qu'ils vivent ensemble dans une indigne rencontre. (Avant de les ressentir conjointement, il faudra souvent les ressentir d'abord un à un).

mis en présence les étrangers prennent contact

Entre le regardé et le regardant, des relations à l'infini se nouent, toutes de finesse, si énorme que soit l'écart naturel entre le regardé et le regardant. Tirant profit du miracle que le haschich réussit régulièrement de lier le regardant et le regardé (lui et l'autre s'entrecomprenant de façon fantastiquement multiple, complexe), et aussi entre eux les regardés, le haschisé a le pouvoir grâce à de simples photographies de mettre en présence des individus que la vie ne pourrait jamais rapprocher,

confrontation indigne.

Haschich, le vrai « pervers polymorphe ».

1. Attention! Sacher Masoch pas loin. L'humilité érotisée. La Beauté de se dévouer jusqu'à l'ignoble. Carrefour. Carrefours à nouvelles déviations possibles. Pièges partout.

il peut combiner, la plus scandaleuse
réunion, qui aussitôt vit, *prend racine.*
Choc inoubliable, qui brusque l'esprit et
presque le traumatise. Assez là-dessus.

L'esprit une fois brassé par tant d'ima-
ginations, la résistance au merveilleux
que présente la compagnie d'une personne réelle faiblit. Des présences sont
partout, nuages plus légers que vapeurs.
Tout se répond. C'est une folie d'harmonie, de correspondance de toutes sortes
qu'il découvre, entre les personnes, les
impressions, les idées, comme entre les
odeurs, les sons, les mots, les voyelles, les
couleurs qui se répondent, se substituent
les uns aux autres, et sur tous les registres,
subitement se traduisent et s'échangent.

Ils peuvent alors parfois connaître,
ceux qui sont amants extrêmement ac-
cordés, une fusion jamais entrevue, une
symbiose déroutante. L'illusion d'être en
contact, pas tellement avec un corps
qu'avec des fluides, des fluides à suivre,
à accompagner. Le rythme de l'autre
est ressenti, mais comme s'il était jusque-là inconnu, instauré à l'instant... le
cœur qui bat dans la poitrine aimée a
pris un caractère auguste, magnifique.
Mais sans cesser d'être moteur, à la

*Les cœurs
physiquement
se répondent*

231

frappe sûre, régnant sur le corps. Elle maintenant, c'est avant tout un cœur, un cœur par un corps entouré. Un cœur auquel son propre cœur veut répondre, directement, en un langage de palpitations, de pulsations. Le souffle aussi a pris une grandeur inconnue, extraordinaire souffle qui avec la poitrine soulève, semble-t-il, un monde. Belle est la vie du souffle.

Recommencement des dérapages

Mais, entouré de pièges, à chaque instant prêt à dévier, à glisser dans toute autre chose, à se dénaturer, l'amour même le plus charnel peut dans un vaste ensemble indéfini se déréaliser, se trahir, *dériver* parfois dans un sentiment qui ne vient rien faire, d'incommensurable indulgence, ou de bonté, ou de pardon accordé... à tous. Il arrivera qu'abruptement et totalement il oublie celle à qui l'instant d'avant il était si parfaitement uni. Le sens et le besoin soudain d'une vaste communion de tous les êtres de par le monde aura pris la place. On ne peut se fier au haschich, étranger à la ligne droite, fait pour les discontinuations, les arrachements sans crier gare à tout ce qui fait « sérieux », ou noble, ou considérable, ou respectable, ou simplement à ce qui fait « ensemble ». Il est contre les ensembles, contre la cohé-

rence et surtout contre l'attitude et la
conviction qui va avec cela et qu'il n'a
de cesse qu'il ne l'ait démolie.

Plus souvent que d'accord, des impressions de désaccord apparaissent, fantastiquement multipliées, avec dans l'imagination de scandaleuses visions, des
bouffonneries où le haschisé se voit ou se
sent faire l'amour avec une femme déca-
pitée, ou avec une qui a une tête de truie,
ou qui en a dix, ou qui bascule et dégrin-
gole, femme tronc, à bas d'escaliers sans
fin, ou qui est emportée dans les airs,
ou guenon grimaçante à la fourche d'un
arbre. Elle se change encore en machine
grotesque, aux pistons animés d'un mouvement de va et vient follement accéléré, burlesque. Et tout peut finir dans
un immense bric-à-brac blasphématoire.
L'explosion qu'est l'amour, habituellement plus ou moins contenue, ici le
dépasse de toutes parts, explosion qui,
loin de s'y limiter, va en tous sens, en
tout sens tentée, encanaillant, démys-
tifiant, débordant, envie enragée de délivrance par toutes les voies, en toutes
forcenée, éruptive, sabrante, insultes,
dévoration, destruction, sauvagerie et

cannibalisme même dont les poussées
archétypales passent en images exces-
sives dans l'être secoué, fou de dégagement et de rébellion contre toute obs-
truction ou limitation.

*

Ces quelques pages sont, je le voudrais, un commencement d'élucidation
d'un sujet qu'il fallait tirer du vague,
mais que je laisse à d'autres le soin de
traiter vraiment. Elles suffiront peut-
être à faire comprendre comment généra-
lement les drogues hallucinogènes, sans
détourner de l'amour par déchéance physique, à la manière de l'héroïne ou de
la morphine, ne lui sont pas bonnes, non
plus, et font de bien des manières, par
multiples déviations, assister à sa détro-
nisation. Après quoi, il devient difficile
de retrouver l'amour dans sa naïveté [1].
Serait-ce pour cette raison vaguement
soupçonnée, que d'instinct une certaine
unanimité se fait contre les habitués de
la drogue. Pour une fois d'accord, amou-

1. Quoique d'autres fois, plus rares il est vrai, et tout à
l'opposé, elles font comme feraient des électrochocs, venir au
normal tel qui auparavant y était gêné ou empêché.

reux comme puritains, jeunes et vieux, hommes et femmes, ouvriers et bourgeois se sentent spontanément de l'humeur, de l'hostilité, de l'indignation dès qu'il est question de ces scandaleux hérétiques de la sensation.

H. M.

ŒUVRES D'HENRI MICHAUX
1899-1984

POTEAUX D'ANGLE, 1981.

CHEMINS CHERCHÉS, CHEMINS PERDUS, TRANSGRES-
SIONS, 1982.

DÉPLACEMENTS, DÉGAGEMENTS, 1985.

AFFRONTEMENTS, 1986.

Aux Éditions Flinker

PAIX DANS LES BRISEMENTS, 1959.

VENTS ET POUSSIÈRES, 1962.

Aux Éditions du Mercure de France

L'INFINI TURBULENT, 1957.

Aux Éditions Skira

ÉMERGENCES, RÉSURGENCES, 1972.

Ce volume,
le deux cent quatre-vingt-deuxième de la collection Poésie,
a été achevé d'imprimer sur les presses
de l'Imprimerie Bussière à Saint-Amand (Cher),
le 29 août 1994.
Dépôt légal : août 1994.
Numéro d'imprimeur : 1978.
ISBN 2-07-032851-1./Imprimé en France.